Ets ARDOUIN
2006

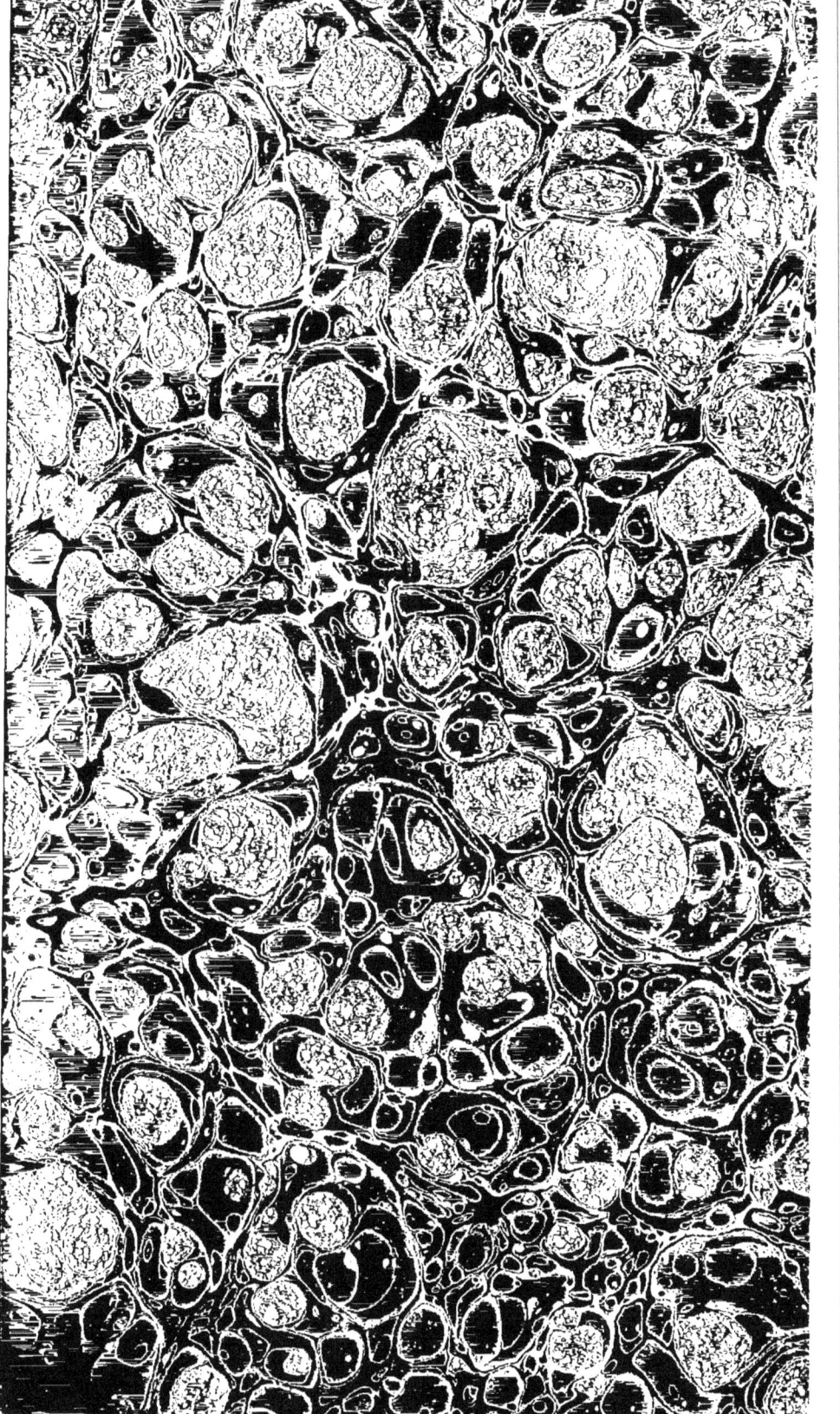

LK 3666

NOTICES HISTORIQUES

SUR LA VILLE

DE LECTOURE.

NOTICES HISTORIQUES

SUR LA VILLE

DE LECTOURE,

DEPUIS

Les premiers Temps jusqu'à nos jours,

Par M. Ferdinand CASSASSOLES,

SUBSTITUT DU PROCUREUR DU ROI A AUCH.

> Nescire quid, anteà quàm natus sis, acciderit,
> id est semper puerum.
> (Cicéron. — *De Orat.*, N° 120.)

AUCH,

IMPRIMERIE DE J. FOIX, PLACE ROYALE.

1839.

PRÉFACE.

> Et les frais d'impression, dit Lovel?
> Les frais d'impression? Mais pourquoi ne
> pas publier l'ouvrage par souscription?...
>
> (L'Antiquaire.)

Cette réponse du bon Monsieur Oldbuck m'offrit un moyen pour sortir d'embarras; car j'hésitais depuis longtemps; où trouver, en effet, un libraire qui consentît à courir des chances aléatoires...... pour une production indigène? Une pareille préoccupation serait-elle blâmable chez celui qui prend la plume sans aucune idée de spéculation?

Mais alors pourquoi faire gémir la presse? quelle nécessité d'entretenir le public de ces vieilleries?

Voici mes motifs : puissent-ils expliquer sinon justifier entièrement ma détermination.

Je me rappelle avoir lu que Gibbon conçut la pensée d'écrire l'histoire de Rome, un soir qu'assis sur les ruines du Capitole, il entendait, à ses pieds, le chant monotone des moines dans le temple de Jupiter. Loin de moi toute idée de comparaison; mais je puis constater en toute humilité, qu'un vif sentiment de curiosité me prit soudainement la première fois que je me trouvais environné de ruines dans les jardins de Pradoulins : ces restes vénérables me disaient assez que là ou tout près de là avait dû exister jadis quelque chose de monumental, ravagé plus tard par la main des hommes ou victime de l'injure des temps. Je me sentis la force de fouiller dans les archives, de consulter la tradition, de faire des recherches dans les livres ; j'éprouvai du bonheur dans mes moments de loisir à exhumer quelques pierres, à nettoyer des bronzes, à recoudre des lambeaux de nos vieilles chartes, échappées à l'avide égoïsme des Anglais qui, dans leur secret dépit d'abandonner au 14e siècle nos beaux vignobles, emportèrent presque tous nos titres pour les enregistrer sur les tablettes de la tour de Londres, espérant nous les faire signifier un jour et nous assigner ensuite diplomatiquement en aveu et reconnaissance de leurs droits. Ce vandalisme a laissé d'immenses lacunes que j'ai dû combler par des inductions historiques, évitant soigneusement de me jeter à corps perdu dans le domaine de l'imagination, pour ne pas ressembler à ce machiniste de théâtre qui ayant épuisé son papier blanc continuait à faire neiger avec du papier gris.

Malgré de grands vides, de longues interruptions, je parvins à rassembler quelques faits, à poser des jalons ; je pus entrevoir quelques traits caractéristiques des anciennes mœurs, étudier un peu l'esprit public des diverses époques, observer l'attitude noble et fière de nos ancêtres, admirer presque toujours leur courage et leur ténacité. J'ai vu des scènes dramatiques, des épisodes charmants qui, pour intéresser, n'auraient eu besoin que d'un pinceau habile pour faire ressortir tout ce qu'ils contenaient de délicieuse poésie ; j'ai décliné cette responsabilité, me retranchant avec empressement derrière ces paroles consolatrices de Pline:

Historia, quoqumque modo scripta, delectat.

J'ai remarqué surtout, dès les premiers temps, un esprit de liberté et d'indépendance qui tâchait de se faire jour; les instincts libéraux avaient pris naissance; ils essayaient timidement de casser leur coque; bientôt je les vis prendre peu à peu de la consistance, faire effort à chaque transformation sociale, se plier aux circonstances, s'abriter adroitement sous le manteau des coutumes, prendre un drapeau à chaque commotion, se formuler enfin en un élan généreux aux beaux jours de 89, aux premiers cris de la patrie en danger.

J'avoue que dans mon émotion, mes yeux s'aveuglèrent et que je ne calculai pas tout le danger que je courais en autorisant la critique à s'installer dans mes pages pour les disséquer à loisir dans ses moments d'humeur sournoise; mais une circonstance imprévue m'engagea à persister et fit cesser toute indécision. Je me disais: au moment où le savant Thierry, cet intrépide défricheur des champs de l'histoire, demande partout des documents pour élever un édifice national, ne serait-il pas permis à un modeste ouvrier d'apporter sur le chantier quelques matériaux informes pour les livrer à des mains exercées? Et la publicité ne peut-elle pas être un puissant mobile pour faire surgir, par l'exemple, d'autres collaborateurs, ou inspirer des mesures de conservation en faveur de tant d'éléments répandus de tous côtés sur notre sol ou enfouis dans la poudre des bibliothèques privées?

N'eussè-je qu'éveillé des sympathies et sauvé par là quelques pièces du naufrage, c'est encore beaucoup; assez du moins pour me laisser la conviction d'avoir fait quelque chose d'utile.

Enfin il est une dernière raison avouable, sans doute, puisqu'elle se puise dans une dette de reconnaissance pour l'accueil bienveillant que je reçus de tout temps de la part des Lectourois; mais pour essayer de me libérer avec du papier il faudrait savoir auparavant s'il a quelque valeur, et c'est à eux à me l'apprendre aujourd'hui.

Auch, ce 20 décembre 1839.

FERD. CASSASSOLES.

ERRATA :

Pag. 54. lig. 15 et 16, au lieu de *ses vêtements de la Renaissance frangés au style Ionien et Corinthien*, lisez *avec ses derniers vêtements des 16me et 17me siècles frangés aux styles prismatique, perpendiculaire ou flamboyant.*

Pag. 111 lig. 19, au lieu de *au temps des factions d'Orléans etc., etc.*, lisez *ayant pris parti pour la faction d'Orléans dans ses démêlés avec le duc de Bourgogne, qui devint le plus fort, Bernard d'Armagnac fut poursuivi etc., etc.*

Pag. 133 lig. 12, au lieu de *Seigneurs* de Castéra, lisez *Seigneur*.

Pag. 4 des pièces justificatives lig. 17, au lieu de thésaurie de Lomagna' en 419, lisez 1419.

Aux notes, au lieu des archives de *Rhodes*, lisez *Rhodez*.

NOTICES HISTORIQUES

SUR LA VILLE

DE LECTOURE.

CHAPITRE Ier

Invasion Romaine.

> In dubio libertas.
> (St-Augustin.)

Capitale des anciens *Lectorates*, chef-lieu de la vicomté de Lomagne, résidence des seigneurs d'Armagnac, siège d'une sénéchaussée, d'un présidial, d'un évêché, la ville de Lectoure est aujourd'hui à la tête du troisième arrondissement du Gers (1).

Quand on y arrive par la route d'Auch, on éprouve, à une certaine distance, un vif sentiment de surprise à l'aspect imposant de cette masse grisâtre de maisons, dominées par un clocher gothique (2), agglomérées dans un petit espace, et resserrées par un double mur d'enceinte que plusieurs ont essayé de franchir pour aller hardiment placer leur assiette sur la pente d'un roc élevé de 212 toises au-dessus du niveau de la mer.

---

(1) Voy. l'excellente Statistique de M. Masson, Sous-Préfet.

(2) Les clochers de la troisième espèce présentent un ensemble étonnant de délicatesse, d'élévation et de solidité. Presque tous s'élèvent sur un plan carré jusqu'à une certaine hauteur, et là commence une pyramide circulaire à plusieurs faces. Ces pyramides s'appellent des *flèches*.

Après avoir gravi la hauteur et abordé le plateau de l'est, la vue se repose délicieusement sur un paysage dont l'ensemble offre un des plus jolis panoramas de nos contrées méridionales.

En effet, au-dessus de ce tapis de gazon qu'arrose le Gers en replis gracieux, se développe majestueusement en face l'immense forêt du *Ramier* qui laisse coquettement distinguer à travers son verdoyant feuillage les toitures rougeâtres de la petite ville de Fleurance, écrasée dans la plaine, et toute penchée sur la route; à l'ouest, l'horizon paraît entièrement crénelé de châteaux, de clochers, de maisons rustiques; au nord le Gers paraît encore et fuit comme une flèche à travers une délicieuse vallée, empressé d'aller, à trois lieues de là, porter à la Garonne le tribut de ses eaux; enfin revenant au midi l'on aperçoit au loin ces Pyrénées gigantesques, aux teintes nuancées, se projetant à droite et à gauche comme une ombre propre à faire ressortir les contrastes frappants de ce pittoresque tableau.

Voilà pour l'artiste et les amateurs de la belle nature; mais quelle bonne fortune pour l'archéologue, lorsque arrivé au centre de la ville, il vient à découvrir, incrustés dans les piliers de la halle, ces précieux marbres

---

Celle de St-Denis est l'une des plus anciennes de France; on la croit du règne de Charlemagne; et sa beauté l'en rend digne; cependant il faut qu'elle le cède *à celle de Lectoure en Gascogne.* Ici un escalier conduit à la pointe même où la croix est placée; mais il est extérieur et sans rampe; ses degrés tournant sur eux-mêmes et dominant toujours composent eux-seuls la flèche qui par là représentent une spirale.

(*Encycloped. méthod.* Archit. art. CLOCHER.)

Cette flèche long-temps battue par la foudre, fut démolie en 1782 par les ordres de M. de Cugnac, dernier évêque, dont le palais épiscopal était à tout instant menacé de ruine par la chute des pierres qui s'en détachaient à chaque orage.

tauroboliques en l'honneur des Antonins, de Gordien et de Marc-Aurèle ; véritable musée imprimant à lui seul sur les murs de Lectoure un caractère d'antiquité et révélant son importance d'autrefois, comme ces médailles qui portent en elles le cachet de leur origine et le secret de leur date.

Peut-on se défendre alors d'une fièvre d'investigations ? Peut-on s'empêcher de rechercher dans des monuments si remarquables les titres d'une localité qui peut avec raison les revendiquer dans la nuit des temps ?....

On a long-temps agité la question de savoir si dans ses commentaires, César a voulu désigner *Lectoure* par les mots *oppidum sotiatum* (1).

Les savants se sont livrés à cet égard à des recherches qui ont amené des dissertations dont voici à peu près le résumé :

La tribu que Pline appelle *Sotiates* et Athénée *Sontiani*, est placée par Marca (2) au territoire d'Aire ; Blaise de Vigenère (3) qui écrivait à la fin du 16.e siècle la relègue dans le Lavedan. Cependant d'Ablancourt (4), Wailly (5), le géographe Sanson (6), et de nos jours Thierry (7) et le général de génie Toulongeon (8) attribuent à cette partie des commentaires *la position de Lectoure*. M. de Labastide (9) au contraire indique la ville

---

(1) Cæsar. Comment. tit 3. cap. 21.
(2) Histoire du Béarn.
(3) Traduct. des Comment. Et quand il arrive aux Sibuzates : « J'ai, dit-il, à toute adventure torné Lectore. »
(4) Remarques sur l'ancienne Gaule.
(5) Géograph. hist.
(6) Remarques sur l'ancienne carte des Gaules.
(7) Hist. de la conquête des Gaules.
(8) Dissert. sur les anciennes places fortes.
(9) Dissertat. sur les pays Basques.

de *Sos*, comme ayant été la capitale des anciens *Sotiates*.

En présence de ces tergiversations, de ces incertitudes, le scepticisme est permis et doit avoir quelqu'attrait surtout pour les Lectourois. Pourrait-on les blâmer de caresser la croyance d'être aujourd'hui les descendants de ces intrépides *solduriens* (1), si redoutables aux légions romaines, lorsque ce courage, ce goût dominant pour les armes que quelques auteurs leur accordent, paraît depuis les premiers temps se montrer traditionnel chez eux, jusques sur les champs de batailles de la république et de l'Empire, à travers les guerres seigneuriales, civiles et religieuses ?

Viennent les points sur lesquels la controverse peut s'établir.

Les Romains qui avaient tant de fois éprouvé la valeur des Aquitains, désiraient sans doute depuis long-temps les soumettre à leur empire. Toutefois il ne paraît pas que ni les Scipion, ni Metellus, ni Pompée, qui combattirent dans la Provence et les Espagnes aient rien entrepris contre la liberté de nos ancêtres. Carthage détruite, Sertorius abattu, les Espagnes domptées, ils espérèrent triompher facilement de quelques peuplades rudes et fortes il est vrai ; mais inférieures et ignorantes encore en fait de tactique militaire. Leur espoir fut d'abord cruellement trompé. Valérius Préconinus qui vint le premier les assaillir fut complètement défait et paya de son sang une injuste aggression. Le proconsul

---

(1) *Soldurii*, mot celtique soldure, sawldwr, d'où dérive notre mot *soldat*, d'après Latour-d'Auvergne, cet intrépide soldat de la république, qui au milieu des camps se livrait à la culture des lettres (Origines Gauloises, tablettes militaires, pag. 181). — D'autres font venir le mot *soldat* du mot latin *solidi*, parce que les premières troupes étant mercenaires, furent stipendiées.

Manilius qui voulut venger l'honneur des armes romaines ne fut guère plus heureux ; car après avoir perdu ses bagages il put à peine ramener sur les terres de la république son armée affaiblie. Il ne fallait rien moins que l'homme le plus étonnant peut-être et certainement le plus complet de son époque pour asservir les Gaules (1). Occupé lui-même à dompter les Armoricains, il envoie le jeune Publius Crassus, fils de cet autre Crassus si célèbre par son opulence, pour soumettre l'Aquitaine. Ce général arrive sur les frontières des Sotiates, l'an de Rome 695, après avoir fait venir des troupes de Toulouse, Carcassonne et Narbonne. Mais n'ayant avec lui que 12 cohortes (2), il avait dû se rapprocher de ces dernières villes afin de réunir, de discipliner ses nouveaux auxiliaires et les préparer à une guerre d'invasion. En partant de la province romaine, aujourd'hui la Provence et le Languedoc, pour se porter, comme c'est écrit, sur Bazas et Aire, il devait d'autant mieux passer à Lectoure que ce pays se présente le premier du côté de Toulouse : certainement ce serait là que le combat aurait été livré ; car sa position géographique, ses fortifications naturelles en faisaient un point important que Crassus n'aurait pas négligé et laissé sur ses derrières dans la crainte de compromettre son armée. D'un autre côté ces peuples auraient-il permis qu'on leur passât impunément sur le corps appuyés qu'ils étaient sur une ville défendue elle-même par la nature du terrain ? Si César a mis le mot *Sotia*-

---

(1) Il les assujétit à un tribut de 40 millions de sexterces, d'après Suétone ; équivalant à 5 millions de francs.

(2) Environ 4 à 5,000 hommes ; car il fallait 10 coh. pour former la légion, et la légion se composait de 4,000, 5,000, 6,000, jusqu'à 12,000 hommes, d'après Polybe, liv. 1, chap. 3. — Plutarque, vie de César. — Gibbon, tom. 1, pag. 10.

tum c'est par préoccupation, comme il avait oublié aussi de parler des *Lactorates*, qui cependant existaient à cette époque puisque Strabon en parle, ainsi que d'autres auteurs (1).

D'après Sanson d'Abbeville, les peuples que Crassus vainquit ou qui se rendirent après le combat, les *Vacates*, les *Tarusates*, etc., etc., s'encadrent mieux dans une ligne directe et naturelle en partant de Lectoure; tandis qu'en venant de Sos les Romains auraient eu l'air de revenir sur leurs pas; Crassus eût commis la plus lourde faute dans laquelle puisse tomber un général qui envahit un pays : celle de diviser son armée et de la diriger partie vers Bazas, partie vers Aire, c'est-à-dire sur deux points diamétralement opposés; mais transportant la scène à Lectoure, sa marche est en tout conforme aux règles les plus sévères de la stratégie, car l'armée forme alors un triangle dont les sommités ou les ailes peuvent, à la première attaque se secourir mutuellement, se replier sur le centre, et s'appuyer sur les corps de réserve. Enfin ne retrouve-t-on pas le tableau fidèle de la position de Lectoure dans ces expressions du texte *oppidum naturá loci et manu munitum ?*

Examinons l'opinion contraire.

Crassus était sur les bords de l'Océan dans l'Anjou lorsqu'il partit pour son expédition. Avait-il besoin de faire un long détour pour se rendre sur les frontières des Aquitains, de fatiguer inutilement son armée en la faisant passer par Toulouse? Non; il n'avait rien a craindre de ce côté là; la province romaine était depuis long-temps soumise aux lois de l'Empire : le mot *evocatis* qui se

---

(1) Il y avait à *Lectoure* une *Mansio* d'Aginnum à Legdunum-Convenarum. Voy. Itinéraire d'Antonin et les tables de Peuttinger.

trouve dans le texte exprime assez l'idée qu'au lieu d'aller chercher ses auxiliaires ce furent eux au contraire qui vinrent le trouver quand il s'arrêta pour faire ses préparatifs d'attaque.

Le pays *est couvert de mines* (1), dit César, c'est bien la nature du terroir sablonneux des Landes. L'analogie des noms, n'est pas une chose à dédaigner lorsque nous voyons surtout qu'à l'époque de l'organisation romaine les villes prenaient le nom des peuples dont elles étaient les capitales (2). Et lorsqu'on est obligé pour établir un argument de supposer un oubli de la part de l'historien on risque de se commettre beaucoup; car César n'a pas fait preuve de distractions grossières dans ses admirables commentaires. D'ailleurs les auteurs de nos chartes les plus rapprochées du temps de l'invasion distinguent parfaitement bien les *Sotiates* des *Lectorates* (3) : on doit croire qu'ils avaient sous leurs yeux des documents plus propres à les éclairer que ceux dont ont pu se servir nos dissertateurs modernes.

Dans un pareil état d'irrésolution de la part des savants, et à l'occasion de faits qui se sont passés il y a bientôt 1900 ans, nous inclinons à adopter l'opinion la moins tranchante; et nous pensons comme le tribun Berlier (4) : « que si la solution qu'on a donnée en faveur de la » ville de Sos est la plus vraisemblable, la question » peut toutefois rester encore long-temps litigieuse. »

---

(1) *Ærariæ secturæ sunt.* César Comm.

(2) Les *Rhemi* avaient *Rheims*; les *Ambiani*, *Amiens*; *Vesontio* devint *Besançon*; *Cabillo*, *Châlons*; *Matisco*, *Mâcon*: de même les Sotiates auront *Sos*, etc.

(3) Les Normands ruinèrent douze cités de la Novempopulanie, entre autres *Lectore*, *Bazas* et *cité Sotience* ou des *Sotiens*. (Charte de Lescar et de Gascogne, rapp. par Marca).

(4) Comment. de César, trad. par Berlier, 1804.

CHAPITRE II.

Cette ville a-t-elle été une Colonie Romaine ?

> On voit ici des temps passés
> Briller les pompeuses dépouilles,
> Des armes rongées par la rouille,
> De vieux tombeaux, des pots cassés,
> Des bronzes dont le temps effaça les figures....
>
> (Burns.)

« Ils veulent être Romains à tout prix, dit M. Chau-
» druc de Crazannes, au lieu de se contenter, comme
» leurs voisins d'être tout bonnement les descendants des
» anciens habitants de l'Aquitaine (1). » Cette prétention
fut effectivement consignée dans une délibération de la
communauté de Lectoure en forme de protestation contre certaines mesures attentatoires à leurs franchises et
libertés (2).

Pour émettre une pareille opinion, les rédacteurs de
cette pièce n'avaient qu'un seul document : c'est un manuscrit de l'antiquaire Boissard dans lequel il rapporte
une inscription qu'il prétend avoir été lue sur une pierre

---

(1) Mémoire adressé à la Soc. Archéol. du Midi par M. Chaudruc de Crazannes.

(2) Attendu que cette ville de Lectoure était auparavant une des douze cités de la Novempopulanie et que lorsque les Romains conquirent les Gaules ils y établirent une *colonie romaine* jouissant de tous les droits et priviléges des citoyens de Rome (Délibération de la commune de Lec-toure, 9 novembre 1788.)

trouvée à Lectoure (1) : tout l'intérêt et l'importance qui s'attachent à ce marbre résultent donc des deux mots *patron de la colonie;* mais on a élevé des doutes sur son authenticité, et subsidiairement sur son applicabilité à la ville dont il s'agit. Examinons-les succinctement. D'abord Boissard ne l'avait jamais vue *par lui-même,* pas plus que les autres savants (2) qui ont exploré et recueilli, avec soin, les antiquités de Lectoure ; il s'en était rapporté à la véracité d'un certain Crassas, de Carpentras (3), lequel à son tour n'avait pas vu ce marbre et n'en avait eu connaissance que par quelque communication officieuse, comme il arrive souvent entre collecteurs de ces sortes de monuments. L'erreur n'a-t-elle pas pu s'y glisser ? Premier doute. Mais en supposant que cette pierre ait existé, qui nous dit qu'elle s'applique à Lectoure, et qu'elle ait été érigée par ses habitants ? Pas un mot ne l'indique : nous n'y voyons pas la moindre apparence du nom de la ville ni par abréviation ni même par des initiales. Cette omission est d'autant plus remarquable que ces peuples ne manquaient jamais d'inscrire ces mots

---

(1) Voici l'inscription :

C. Gavio. L. F.

Stel. Silvano. primipi. Lari. Leg. VIII. avg. tribuno. coh. XIII. urban. tribuno coh. XII prætor. Donis. donato. à divo. clavd. Bello. Britannico. torquibus, armillis. phalaris. coronâ. aurea. *patrono. colon.* D. D.

Et sa traduction :

À Caïus Gavius Silvanus, fils de Lucius, de la tribu stellatina, primipile de la VIII.e légion. Auguste, tribun de la XIII. cohorte prétorienne, décoré par le divin Claude, dans la guerre contre les Bretons, de colliers, de bracelets, de phalères et d'une couronne d'or, patron de la colonie par décret des décurions.

(2) M. de Tersan, archidiacre de la cathédrale de Lectoure : le comédien Beaumesnil en 1773 ; Gruter ; l'helleniste Gail.

(3) *Missa à Jacobo Crasso Carpentroratensi*, manusc. de Boissard, pag. 120.

Lectora, Lectorates sur d'autres monuments beaucoup moins importants que celui-ci, puisqu'il était destiné à perpétuer le souvenir d'un titre honorifique. Ensuite l'érection de ce marbre n'a pu être faite qu'à une époque un peu postérieure au règne de Claude, ce qui résulte du mot *divo ;* d'où l'on doit induire qu'au moment de cette manifestation de la gratitude publique en l'honneur de Gavius, cet empereur était mort et apothéosé : or les historiens contemporains (1) parlent des autres colonies de la Gaule sans dire un mot de celle de Lectoure. Pourquoi cette lacune ? Enfin il est des aperçus moraux qui conduisent à une solution négative sur cette question : on sait que les Romains n'avaient l'habitude d'établir des colonies que chez les peuples dont la réunion à l'empire avait été moins l'effet d'une soumission volontaire que le fruit d'une conquête armée : et en prenant pour base l'opinion qui tend à établir que le combat dont parle César n'a pas eu lieu à Lectoure mais à Sos, nous devons penser que les Lectorates se rangèrent sans résistance avec les autres peuples de la Gaule sous la domination romaine après cet évènement.

Cette docilité était dès lors peu propre à inspirer des défiances aux vainqueurs, et à nécessiter chez les Lectorates l'établissement d'un système en quelque sorte répressif. Toutefois une pareille organisation gouvernementale était faite pour flatter l'amour-propre des Lectourois, ne serait-ce que comme point de départ et pour rattacher le plus haut possible l'origine de leurs franchises et libertés, le régime colonial étant une sorte d'état politique mixte et intermédiaire entre le gouvernement mi-

---

(1) Dederunt jus Latii Ausciis et Convenis. Strabon. liv. IV. (Voir aussi l'historien Ptolémée.)

litaire et celui du *municipe*, avec ses formes protectrices d'administration intérieure, ses franchises, ses libertés, enfin le bénéfice des lois romaines en matière civile. Mais si la ville de Lectoure n'a pas été une *colonie romaine*, il est juste de reconnaître que les monuments qu'on y a découverts attestent son importance à l'époque de la domination des Romains. L'itinéraire d'Antonin (1) y place un gîte d'étapes dans la route d'Agen au sud ; Peuttinger (2) y fait passer aussi de l'est à l'ouest une route qui a laissé des traces au levant de la ville, se dirigeant vers Berrac (3) et Larroumieu (4). Danville rapporte qu'il y avait de son temps des traces de voie romaine entre Lectoure et Auch (5). Il existe encore à Lectoure une jolie fontaine sur l'origine et la destination de laquelle on a long-temps discuté en convenant toutefois qu'elle remonte à la plus haute antiquité (6) ; mais les monuments les plus curieux et certes les plus importants sont ceux qu'on déterra à côté de la fontaine dont nous ve-

---

(1) Itinéraire, loco *Lactora*.

(2) Table de Peuttinger, loc. id.

(3) Notamment à un endroit qu'on appelle *la Peyreigne* où des fragments de moëllons plats, de mortier, de pierre, rappellent le *statumen*, le *radus*, le *nucleus* des voies romaines.

(4) *Larroumieu* dont le nom paroit dériver de *Romava* diminutif de *Romana-via* : la tradition constante a toujours appelé et appelle encore *Chemin de César*, une route qui part de cette localité et se dirige vers les Pyrénées (Journal des annonces de Condom, n. 598. 27 août 1833.)

(5) Danville, notice sur l'ancienne carte des Gaules.

(6) Cette fontaine est appelée encore en langue vulgaire *Hountelio*. En replaçant la lettre F au lieu de celle H qu'on suppose y avoir été substituée selon l'habitude de l'idiome du pays, les uns ont vu dans ce mot *Hountelio* l'assemblage corrompu des deux mots *Fons-deliæ* ; ils veulent qu'elle ait été une *chapelle* ou *oracle* de Diane, ou bien qu'elle en ait fait partie ; ils s'étayent de ce passage extrait du *proprium sanctorum*, très ancien bréviaire du diocèse de Lectoure : « hæc dùm feli-

nons de parler. En y faisant des fouilles vers la fin du 16me siècle on découvrit une trentaine d'autels votifs ou tauroboles (1) offerts à Cybèle par les magistrats et un

---

» citer gerit et dei majora sibi pro fide subeunda esse certamina,
» quapropter *Lectoram petit* ubi christianæ veritatis semina spargeret
» a simulacrorum sacerdotibus in carcerem traditur. Inde eductus, *ad*
» *Fontem Deliæ, Dianam veneraturus ducitur.* »

Certains, Gail entr'autres, disent que la véritable étymologie est *Fons helios* expliquant le rapprochement choquant d'un mot latin et grec par des exemples nombreux, ce qui se comprend assez à cause du voisinage de la colonie grecque de Marseille; ils persistent avec d'autant plus de force qu'immédiatement après la fontaine se trouve un endroit appelé *Hydrone* alimenté par un petit ruisseau qui découle de la fontaine et qui décèle encore une origine grecque : *hydriôn, filet d'eau*. La ville de Nérac fait aussi dériver le nom de sa fontaine de *Fontindelle* de la même étymologie *fons-helios;* mais au moins a-t-elle pour argument la tradition constante qui veut qu'un temple en l'honneur d'Apollon (Helios) y ait jadis existé.

Enfin un savant antiquaire, M. Dumège, de Toulouse, est le seul qui lui donne une date assez rapprochée, et il prétend avoir ouï dire par des vieillards du pays que cette fontaine a été ainsi dénommée parce qu'un individu de Lectoure qui fournit de l'argent pour la réparer voulut qu'en récompense on lui donnât son nom : il s'appelait *Delieu*.

Le bâtiment de cette fontaine est de forme rectangle, de 11 mètres 5 décimètres de longueur sur 6 mètres 6 décimètres de largeur, avec une profondeur de 1 mètre 3 décimètres. Doù suit un volume d'eau de 98 mètres 670 décimètres.

(1) Ces inscriptions se trouvent dans plusieurs ouvrages d'archéologie. M. Masson les a copiées dans sa Statistique : nous ne pouvons résister au plaisir d'en rapporter une qui est surtout remarquable par la noble simplicité de son style lapidaire et dont le sens s'explique facilement par les usages des Romains en ce qui concerne leur intérieur domestique. La voici :

« Non fui, fui, memini, non sum, non curo, Donia Italia annorum
» XX hic quiesco Munatius et Donia

CALISTÆ L. PIISSIMÆ.

« Je n'ai pas existé, ou j'ai existé; il me semble que je m'en sou-
» viens cependant; je ne suis plus aujourd'hui; mais peu m'importe ;
» je m'appelais Calista, surnommée Donia Italia; l'impitoyable mort n'a

grand nombre de particuliers de Lectoure sous les règnes de Marc-Aurèle, Antonin et Gordien III, c'est-à-dire dans les années 176, 239 et 240 de l'ère chrétienne.

Ces sacrifices expiatoires avaient lieu à l'occasion d'un évènement mémorable. Il en arriva plusieurs à cette époque et nous pouvons noter d'abord une peste horrible qui dépeupla l'Italie et étendit ses ravages dans les Gaules; sous Gordien III, un tremblement de terre survint, des villes entières furent englouties avec leurs habitants, et les esprits en furent si fortement frappés qu'on ordonna des prières et des sacrifices dans tout l'empire Romain (1). Enfin on peut assigner une origine assez vraisemblable à l'un de ces monuments en l'honneur de Gordien, de Tranquillina son épouse, et de la famille impériale : c'est cette terrible guerre contre les Perses qui commença sous le consulat de Gordien et de Pompeïen (2)

» pas respecté mes jeunes années et à 20 ans je cessai de vivre. Main-
» tenant je repose ici en paix, par les soins de mes maîtres chéris Mu-
» natius et Donia, son épouse. »

Ne serait-ce pas le tombeau d'une jeune esclave appelée Calista, qui par la précocité de ses talents aurait attiré l'attention de ses maîtres et captivé leur attachement au point de se rendre digne de ce petit mausolée? Aurait-elle conçu de bonne heure des idées philosophiques au-dessus de son âge, de son sexe, et surtout de sa position sociale? — Il me semble que cette inscription réfléchit un scepticisme désespérant qui autorise en quelque sorte ces inductions ou ces réflexions. — Examinons :

Elle s'appelle *Calista*; mais on lui donne plus tard le nom de sa maîtresse *Donia* suivant l'usage des Romains, qui y ajoutaient quelquefois une terminaison spéciale; ainsi les esclaves de *Lucius* s'appelaient Lucii-Pueri (*puer* esclave) ou *Lucipores* par corruption. — Nous voyons aussi qu'on lui donne le surnom d'*Italia*; Varron rapporte que les Romains avaient l'habitude de donner à leurs esclaves le nom de la contrée où ils étaient nés; ainsi les uns étaient surnommés, *Syrus*; d'autres, *Géta*, *Davus*, etc., etc.

(1) J. Capitolinus in Gordiano.

(2) J. Capitolinus. id. — Gordiano et Pompeiano coss. bellum persicum patum est.

Ces monuments si remarquables, qui en 1591 furent encastrés dans les piliers de la halle par les soins pieux de magistrats dont les noms méritaient si bien d'arriver jusqu'à nous ; ces marbres, dis-je, ne sont-ils pas de nature à déceler l'antique origine et l'importance de la ville de Lectoure ? Ses titres n'y sont-ils pas burinés en caractères dont l'authenticité est irrécusable ? N'y est-elle pas appelée *Respublica Lectoratium ?* qualifiée de *civitas Lectoratium ?* Ne nous font-ils pas connaître son petit sénat, ses décurions, le nom de ses prêtres, tous les détails enfin de l'organisation administrative d'un *municipe ?*

Ces particularités nous font penser que si Lectoure ne fut pas organisée en colonie, elle devait être au moins du nombre de ces villes auxquelles Antonin Caracalla accorda le droit de cité romaine. On sait que les diverses dénominations de *villes confédérées, villes d'impôt, colonies, préfectures* se résumèrent à cette époque en celle de *municipe* (1), dont les *communes* furent plus tard et sous Louis-le-Gros la continuation et le complément. Je ne suis pas le seul à croire que Lectoure était simplement *une ville latine.* Parmi les monuments de la ville de Lectoure nous devons considérer comme lui appartenant, quoiqu'elles n'existent plus, deux têtes en marbre avec une inscription du temps de Pompée ; ce fut un historien du 16.me siècle qui les remarqua (2) sur la porte du boulevard près de l'église St-Gervais.

---

(1) Les membres de la *communauté d'habitants* étaient appelés à Rome *municipes* en ce sens qu'ils étaient *muneris participes*, une sorte de *communistes*, reçus dans la cité pour participer à ses droits et à ses charges : *Recepti in civitate ut munera nobiscum facerent.* Loi romaine, 1 parag. Pand. *ad municipalem.*

(2) Belleforest, Cosmog. univers. ann. 1575. Loc. Lectoure.

On a recueilli tout près de la ville dans la plaine de Pradoulins quelques fragments de poterie, des lampes, des fûts de colonnes, des mosaïques, des ustensiles en bronze, des bagues en or (1), des statuettes (2), des têtes en marbre des Pyrénées (3); enfin une collection de médailles dont la série commence à Trajan, et finit à Valentinien (4).

Indépendamment de ces indices nous en trouvons d'autres pour nous faire placer l'ancienne ville des *Lectorates* dans la position favorable qu'elle occupe aujourd'hui et non dans la plaine de *Pradoulins*, comme quelques-uns l'ont cru jusqu'à présent, et où il n'y avait que des *villa* (5): d'abord la découverte et par conséquent le gisement des pierres tauroboliques à côté d'un ancien temple dont les vestiges sont reconnaissables, et qui se trouvait sur la hauteur (6). Ensuite l'architecture de l'ancien château, aujourd'hui l'hôpital (7), et les traces d'un triple mur qui, d'après la tradition populaire, faisait le

---

(1) J'en possède une du poids de 9 fr. sur le chaton de laquelle se trouvent les deux lettres X. P. monogramme du Christ; signe que Constantin faisait broder sur le labarum et ciseler sur le casque de ses soldats, lorsqu'il voulait propager le christianisme.

(2) Notamment un Mercure en bronze d'un pied de haut, revêtu de son *peplum*, armé de son caducée, d'une finesse d'exécution remarquable, et qui orne aujourd'hui un des salons de la capitale.

(3) Une tête de Minerve. Elle se trouvait à quelques pas du Mercure. Vigénère, pag. 155, dit: « Que les Romains avaient coutume de joindre » la statue de Mercure à côté de celle de Minerve, et de les mettre en » compagnie aux écoles publiques. »

(4) C'est-à-dire des Trajan, Hadrian, Antonin, Faustine, Commode, Gordien, Aurelien, Constantin, Valentinien.

(5) Pradoulins, mot latin *pratulinum*, diminutif de *pratum*. C'est bien le nom d'une *villa*.

(6) Ce temple fut consacré à saint Thomas, puis ruiné. Duchoul, p. 96.

(7) Ce château est de vraie fondation romaine, tout assis sur le roc, et hors de sape et de batterie. Belleforest. Cosm. univ.

tour de la ville (1). Nous pourrions encore invoquer ce passage de la légende (2) de St-Génie, déjà rappelé plus haut. Enfin les matériaux trouvés dans la plaine, paraissaient appartenir à des constructions de bains, et l'on sait que les thermes étaient placés hors des villes.

Chercherons-nous des autorités plus modernes pour constater son antique origine? Oihenart la regarde comme *la plus forte* de l'Aquitaine (3); les notices des provinces (4) lui font prendre tantôt le 3.e tantôt le 4.e rang parmi les villes de la Novempopulanie et la qualifient de *cité* (5). Cette dernière dénomination n'est pas sans signification importante. Du temps de César ce mot *civitas* était employé pour désigner les peuples de tout un pays (6); plus tard et sous les empereurs du bas empire, il fut restreint au corps d'une ville. Sous la primitive église qui se modelait sur les dispositions de l'empire, le titre de *cité* devint tellement une exception honorifique que les villes seules reconnues *cités* par les réglements impériaux pouvaient avoir des évêques; ce mot était même regardé comme synonime de ville épiscopale (7). On ne peut contester à la ville de Lectoure une distinc-

---

(1) Cette ville était défendue par une triple muraille qui n'a qu'une issue du côté de la porte de Toulouse; si bien fossoyée, retranchée, flanquée de boulevards, plates-formes, etc., etc., qu'on la jugeait imprenable. André Duchesne, 2. part. pag. 143, et Expilly, Dictionn. verbo. Lectoure.

(2) *Lectoram petit.....* manuscrit de Mongaillard, *vita et passio sancti Genii.*

(3) *Totius Vasconiæ Aquitanicæ munitissima; nec ulli regionis illius oppido antiquitate concedit.* Oihenart, pag. 478.

(4) *Notitiæ provinciarum.*

(5) *Civitas Lect.* ibid.

(6) Marca, hist. du Béarn.

(7) Grégoire de Tours.

tion que lui donnent deux faits historiques irrécusables : d'abord le *titre de cité* et puis *l'établissement d'un siége épiscopal* du temps de St.-Génie (8).

---

(8) *Heuterium præfuisse Lactorensibus tempore sancti Genii communis opinio est. Gallia christiana*, tom. 1. pag. 1073.

CHAPITRE III.

Invasion des Barbares.

> Et l'on vit arriver le Saxon aux yeux d'azur, le Hérule aux joues verdâtres, le Bourguignon haut de sept pieds, les Alains et les Goths à la blonde chevelure, les Huns, effroyables aux barbares eux-mêmes.
>
> CHATEAUBRIANT.

Ce fut en 406, sous le faible Honorius, qu'une nuée de Barbares vint fondre dans les Gaules et effrayer nos belles contrées de l'Aquitaine, par la singularité de leurs costumes, l'affectation d'habitudes bizarres, et cette férocité de caractère si commune chez ces peuplades incivilisées.

Les Vandales, les Alains, les Suèves partent en effet des rivages de la mer Baltique, traversent la Germanie, passent le Rhin, entrent dans les Gaules et s'avancent jusqu'aux Pyrénées qu'ils essayent de franchir. Deux espagnols, Didymus et Virianus (1) s'emparent des défilés avec une poignée d'intrépides montagnards et les arrêtent brusquement. Irrités par cet obstacle imprévu, les Barbares retournent sur leurs pas et se livrent aux plus horribles excès, pillant, brûlant, et saccageant toutes les villes qu'ils venaient d'abandonner. *Celles qui ne*

---

(1) Marca, hist. du Béarn.

tombent pas sous le fer sont consumées par la famine (1).
Nous avons quelques raisons de penser que la cité de Lectoure ne fut par épargnée; les voici :

On a trouvé aux environs de la ville, particulièrement dans la plaine de Pradoulins, et assez profondément enfouis dans la terre, des pierres calcinées, du bois brûlé, du charbon, des lits de cendres; ce sont bien là les traces d'un ancien incendie. Poursuivons :

On a recueilli dans ces décombres une collection de médailles, dont la série s'arrête à Valentinien. La ville existait donc du temps de son règne, puisqu'on y colportait son effigie; et si nous ne trouvons pas de bronze indicateur d'une date postérieure, ne sommes-nous pas fondés à penser que le sac de la ville a eu lieu à une époque plus ou moins rapprochée de la mort de cet empereur? Or, il cessa de vivre trente ans environ avant l'entrée des Barbares sur notre sol.

On sait encore que Théodose rendit des édits pour faire abattre et détruire dans tout l'empire romain, et conséquemment dans les Gaules, les emblèmes du paganisme; il paraît que cette mesure n'avait pas été exécutée à Lectoure quand elle fut brûlée, puisque l'on y a découvert aussi des statuettes de faux dieux parfaitement intactes, et de la plus belle conservation; elle était donc païenne à l'époque du désastre qui affligea ses habitans : et si l'on rapproche la date de ces édits (380) de celle

---

(1) Innumerabiles et ferocissimæ nationes Quadus, Vandalus, Sarmata, Alani, Gipedes, universas Gallias occupârunt : quidquid inter Alpes et Pyreneum est quod Oceano et Rheno includitur vastârunt, præter paucas urbes quas foris gladius et intùs fames consumit : depopulata sunt cuncta (lettre XI de St.-Jérôme à la veuve Egéruchie.) — Voir aussi Grégoire de Tours et l'évêque Adon. —. St.-Orens d'Auch fait le tableau de ce désastre avec ce tour poétique qui lui était si familier :
    Uno fumavit Gallia tota rogo.

de l'entrée des Barbares (406, 409, 410), et de l'introduction presqu'immédiate du christianisme, ne nous retrouvons-nous pas dans un cercle d'années qui peut être considéré comme l'équivalent d'une précision mathématique, surtout en histoire où il n'est pas toujours possible de se procurer des documents positifs pour des temps si reculés? Considérons en outre la manière dont les invasions étaient conduites : ne voit-on pas qu'elles furent « partielles, locales, momentanées, courtes, » bornées; mais sans cesse renaissantes, partout possi- » bles, toujours imminentes? » (1)

Il dut y avoir des intervalles, des temps d'arrêts : tout ne se fit pas à la fois. On peut donc attribuer cette dévastation de la ville qui nous occupe aux envahisseurs de 406 : cela allait si bien d'ailleurs à leurs habitudes, à leurs manières, à leur genre d'éducation !

Si l'homme attaché aux joies de la vie, si le cultivateur, le serf, le propriétaire ne voyaient, dans ces temps de désolation, approcher les Barbares qu'avec les terreurs de la mort; si le soldat ne pouvait entendre leur cri de guerre sans tressaillir, on doit le reconnaître en l'honneur du christianisme qui commençait à fleurir, le prêtre, l'anachorète, l'évêque même cherchaient, de leur côté, à adoucir les vainqueurs et à dompter leurs instincts sauvages. Aussi nous voyons que les prélats de Lectoure ne seront pas les derniers à paraître, et qu'un évêque viendra y asseoir son siége après avoir été régulièrement et légalement nommé au concile d'Agde, en l'année 506 (2). La seconde invasion fut celle des Goths et des Wisigoths en 507; mais comme elle ne rappelle

---

(1) Guizot, hist. de la civil. en Europe.
(2) Vigilius episcopus de civitate Lactorensi (Gall. Christ. — Souscriptions tenues au concile d'Agde en 506).

rien de particulier pour la ville de Lectoure, nous passerons rapidement.

Maîtres de la Septimanie, ces nouveaux Barbares se répandirent bientôt dans les riches provinces de l'Aquitaine; mais Khlowigh les attendait dans les plaines de Vouglé où il en fit un horrible carnage : « Il me déplaît, » disait-il à ses Francs en les menant au combat, que » ces Ariens possèdent la meilleure partie des Gaules; » allons sur eux avec l'aide de Dieu et chassons-les : » soumettons leur terre en notre pouvoir; nous ferons » bien, car elle est très-bonne. » (1) Poursuivant leurs conquêtes, les Francs vinrent établir une colonie à Bordeaux. Ils commençaient à s'y naturaliser; de leur côté, les indigènes s'habituèrent facilement à eux quoiqu'ils fussent barbares comme les autres, mais plus sociables toutefois; car leurs relations antérieures avec les Romains avaient « urbanisé leurs habitudes sinon humanisé » leur caractère. » (2) Comme bien d'autres, Khlowigh eut le malheur de n'être pas compris par ceux qui lui succédèrent : combien de ces hommes à part qui meurent avec le regret de voir le fruit de leurs immenses travaux tomber en des mains débiles, sans espoir de conservation! C'est ce qui arriva ici : la faiblesse de Khloter III encourage les Wascons de l'Espagne tarragonaise; ils descendent comme un torrent du haut des Pyrénées et s'emparent de l'Aquitaine jusqu'à la Garonne (3). (An 593). Jamais acte de possession plus solennellement formulé : *ils lui imposent leur nom* (4). Ce n'est pas tout, ils comprennent que, pour être forts, pour pouvoir

---

(1) Thierry, hist. d'Angleterre.
(2) Chateaubriant.
(3) Marca, hist. du Bearn.
(4) Wascones, Wasconia, enfin par corruption Gascogne.

se soutenir, ils doivent commencer par s'organiser. Ils choisissent le gouvernement électif; les chefs dont les noms sortiront de l'urne seront *des ducs*, titre indicatif d'une organisation militaire, encore indispensable à cause de leur position toute précaire. Plus tard, quand ils seront assis, lorsque le sol ne tremblera plus sous leurs pas, ils auront des *comtes* plus propres par leur double caractère guerrier et magistral à former une administration civile et politique.

Eudes fut le premier duc qu'ils nommèrent en 678. Les Sarrazins se présentent; il les repousse d'abord; mais bientôt leurs hordes pullulent et, ne pouvant résister seul, quoique par une tactique habile il eût détaché un de leurs principaux chefs de la coalition en lui donnant sa fille en mariage, il est obligé pour les chasser complètement de s'unir à Karl-Martel qui, enivré bientôt de sa victoire de Poitiers, prend immédiatement et au détriment d'Eudes, son allié, le titre de *duc* des Francs. — Mort de Karl. — Division territoriale. — L'Aquitaine échoit en partage à Pepin issu, d'une race dégénérée.

Le troisième cataclysme humanitaire arriva vers l'année 845. Après les hommes du Midi, vinrent ceux du Nord. Une nouvelle espèce de Barbares, les *Northmens*, quittent les froides régions boréales, pour venir se réchauffer au soleil vivifiant du Midi. Ils tentent un débarquement sur Bordeaux, mais ils éprouvent de la résistance; ils essayent alors de remonter avec leurs barques légères les deux fleuves de la Garonne et de l'Adour, et ce fut alors qu'ils ravagèrent complètement la plupart des villes de la Novempopulanie. Cette fois, la ville de Lectoure trouvera les preuves certaines des maux qu'elle eut à subir (1). Comme les autres, elle fut saccagée, brûlée,

---

(1) Subverterunt civitates ferro, igne, flammis; Lascurris, Aquis, Tarbæ

détruite de fond en comble; ses habitans ignominieusement massacrés (1). La désolation fut si grande que le pape Jean VIII fut obligé d'envoyer au clergé et au peuple une lettre touchante pour relever leur moral abattu (2).

Une lacune immense devait ici se rencontrer, et elle existe en effet; car depuis Aletius, nommé évêque de Lectoure en 549 par le concile d'Orléans (3), nous ne retrouvons plus qu'un autre évêque cinq cents ans après (4). Les siéges épiscopaux restèrent donc longtemps dans l'oubli; mais doit-on s'en étonner? Cette longue interruption n'est-elle pas due aux effets destructeurs produits par l'apparition et le séjour de ces bandes de Northmens, pillards par caractère, et qui, en détruisant jusqu'à trois et quatre fois les villes du Midi (5), durent sans aucun doute anéantir les pièces, les registres obituaires qui seuls auraient pu nous conserver les noms des évêques et les particularités de l'histoire locale de cette malheureuse époque. On pourrait attribuer encore l'absence de tous documents au mauvais vouloir des moines, qui ne s'attachaient à tirer de l'oubli que ceux des évêques dans lesquels ils pou-

---

Auxiensi, *Lactorensi*, etc., etc., destructæ fuerunt (Charte de Lescar, rapp. par Marca, an 845).

(1) Depopulando monasteria, Ecclesias, nec-non et cunctas hominum ædes igne crementes; eosdem homines occidentes (Charte de 845, rapp. par Mezerai, hist. de France).

(2) Legatis apostolicæ sedis revertentibus didicimus pène totam provinciam paganorum persecutionibus desolatam..... (Jean VIII au clergé de Tourges).

(3) Gall. Christ.

(4) Bernardus prim. episcopus Lactorensi. (Gall. Christ). hoc anno Wilhelmus erat Dux Vasconiæ (Oihenart).

(5) Mézerai, hist. de France.

vaient trouver les protections les plus respectables, et qui avaient pensé à leurs monastères de leur vivant (1). Or il y avait alors à Lectoure un couvent de moines (2). On pourrait ajouter aussi, pour expliquer cette interruption, que le siége demeura vacant pendant toute cette période; car les évêchés ayant été ruinés si souvent non-seulement par les barbares, mais par les seigneurs eux-mêmes, on sentit la nécessité de confier le soin de leur restauration à une seule main puissante et forte pour faire rentrer les biens usurpés.

Gombaud fut en effet nommé primat des Gaules (3). Toujours envahis, toujours sur la défensive, les Gascons ne perdent pas courage; ils ont confiance en leur chef *Totilus*. L'occasion se présente : Karl-le-Chauve est aussi mécontent; ils se réunissent, et tous deux chassent enfin les Northmens de l'Aquitaine (an 803).

Dès ce moment la Gascogne respire un peu ; une velléité d'indépendance se manifeste chez ses habitants; leurs ducs au lieu d'être élus chefs perpétuels et viagers n'ont plus qu'une autorité temporaire ; ils sont révocables et subordonnés aux volontés des assemblées populaires. Plus tard l'esprit de féodalité se glisse inaperçu et les ducs devenus forts rendent leur gouvernement féodal héréditaire.

---

(1) Drouet, hist. Ecclesiast.

(2) On voit dans les notes tenues au concile de Toulouse l'an 1068, que l'évêque de Lectoure fut rétabli sur son siége usurpé par des moines, et qu'on lui permit en outre de fustiger et chasser ces derniers, qui protestèrent en vain en se disant sous la dépendance de l'abbaye de St.-Sever et justiciables seulement de son chapitre.

(3) Gambaldus episcopus Vasconiæ : c'était le frère du comte de Gascogne Guilhaume Sanche, qui sans doute ne fut pas étranger à cette nomination, intéressé comme il l'était à réorganiser l'administration du pays (Cartulaire de la Réole).

CHAPITRE IV.

Maison d'Armagnac.

> C'étaient des hommes d'un courage éprouvé, indépendants, de haute naissance et d'un grand pouvoir.
>
> (WALTER-SCOTT.)

Ici commence à s'élever l'illustre maison d'Armagnac à laquelle les destinées du pays se rattachent tellement soit par la force des choses, soit par la tendance générale des esprits, que l'histoire de la ville de Lectoure semble s'être personnifiée dans celle de cette famille.

Garcias-Sanche en fut le chef; il était descendant de ce duc de Gascogne, Totilus, qui aida Karl-le-Chauve à expulser les Northmens. Il avait eu d'Honorette son épouse trois enfants qui, à sa mort, partagèrent ainsi sa succession : Sanche l'ainé eut la grande Gascogne; Arnaud l'Astarac; Guilhaume le Fezensac, qui comprenait aussi l'Armagnac (an 909).

Pour éviter des discussions et des querelles intestines, Guilhaume eut le soin de fixer de son vivant la part que chacun de ses enfants devait avoir après lui. Il donna à Othon le *Fezensac* qui avait la ville de *Vic* pour chef-lieu; Bernard fut destiné à l'*Armagnac* qui alors fut érigé en comté et dont *Lectoure* devint la capitale; enfin on relégua Frédélon au château de Mauvezin qui commandait le pays du *Fezensaguet*.

Le *Fezensac* avait donc une espèce de prééminence sur l'*Armagnac* qui n'en était en quelque sorte qu'un démembrement ; et si plus tard nous voyons cet ordre naturel totalement changé et le Fezensac devenir pour ainsi dire un accessoire de l'Armagnac, ne serons-nous pas portés à penser que les qualités politiques et militaires des personnages de cette dernière maison ne furent pas sans influence dans cet évènement historique? On les voit en effet travailler avec un soin, une obstination, une adresse peu commune à faire obtenir à l'Armagnac la primauté du rang. Dans les actes publics ils n'oublient jamais, ils affectent même de s'intituler *comtes d'Armagnac et de Fezensac*, faisant précéder le Fezensac du nom de leur pays de prédilection. Les états du pays eurent quelque velléité de paraître offusqués d'une telle préférence ; ils protestèrent même par une délibération à ce sujet. Ce fut en vain ; et, pour braver leur décision, Bernard 1.er dit *le Louche* prit publiquement le titre de *comte d'Armagnac et de Fezensac* à la mort de Guilhaume son père en 950, sous le règne de Lhoter (1). Le comté d'Armagnac embrassait à cette époque une assez grande étendue de terrain : *Lectoure, Nogaro, Labastide, Aignan, et Riscle* en étaient des dépendances (2).

Géraud 1er prit possession du comté d'Armagnac et en jouit d'une manière paisible et tranquille, exempt de toute ambition (an 990); mais on n'en peut dire autant de son successeur Bernard II, surnommé *Tumapaler* (3), qui afficha dès les premiers moments les prétentions les plus élevées (an 1020). Non content d'avoir considérablement agrandi ses possessions de celles que lui avait apportées en dot Ermangarde son épouse, il aspira à une plus

---

(1) Cartulaire auscitain, v. Brugèle.
(2) Oihenart, not. utriusq. vasconiæ.
(3) Vulgo nominatus *Tumaspalerius*, Oihenart.

vaste circonscription territoriale; il lui fallait la grande Gascogne dont Poitiers était la capitale, et pour cela il ne recula pas devant l'idée de faire une guerre injuste au comte Guy-Geoffroi son parent; mais le sort ne favorisa pas une agression commencée sous de pareils auspices, et il fut battu complètement dans un combat qui eut lieu près de l'abbaye de Castelle dans le pays de Tursan (1).

Un homme de sa trempe ne pouvait supporter de sang-froid cet échec flétrissant pour son amour-propre; aussi prit-il une détermination digne de son caractère et analogue aux préjugés de ces temps chevaleresques; il fut s'ensevelir dans le monastère de St.-Mont (2) qu'il avait fait rétablir au temps de sa puissance, peut-être par un de ces pressentiments qui agitent parfois les esprits les moins impressionnables, même à l'apogée de leur gloire. Mais cette ame ardente et passionnée ne pouvait respirer à l'aise dans l'atmosphère d'un cloître obscur. Bernard s'échappa bientôt de sa retraite et fut trouver le fils de son ancien allié, Centule-Gaston, pour l'attacher à sa cause et l'entraîner dans une guerre de restauration. La mort arrêta ses projets en venant le surprendre à Morlas au milieu de ses préparatifs d'attaque et de ses idées de vengeance (3).

Soit reconnaissance ou vaine gloriole, les moines du couvent de St.-Mont, ses confrères d'un instant, voulurent revendiquer ses cendres, pour lui élever un tombeau; et, n'ayant pu les obtenir, ils inscrivirent son nom dans leur nécrologe (4).

---

(1) Cart. ausc. Gall. Christ. Brug.
(2) Hist. de Béarn., Marca.
(3) Hist. de Bearn., Marca.
(4) Decimo-quarto Calendas februarii obiit Bernardus comes. nécrol. de

Rien d'intéressant sur Géraud II (an 1062) ; mais quatre ans après, Bernard III son fils et son successeur se fit remarquer par sa propension à favoriser les établissements ecclésiastiques et à se subordonner aux pouvoirs qui en découlaient : ainsi il fonda un hôpital à Nogaro, se fit recevoir chanoine honoraire du chapitre métropolitain et se soumit à la règle monastique avec une rigidité toute ascétique, voulant imiter en cela les patrices romains, Eutiche et Tertulle, agrégés autrefois aux couvents du Mont-Cassin (1). Plus tard il fait soumission de son comté à l'église Ste.-Marie d'Auch, s'obligeant à lui payer une redevance en nature (2). Les vœux du concile de Latran sont des ordres pour lui; il assemble à Lectoure tout ce qu'il y a de nobles parmi ses vassaux et leur fait jurer *la paix et trève de Dieu* que cette réunion ecclésiastique avait ordonnées. On remarque cependant qu'il tint les rênes de son gouvernement d'une main ferme et habile, ne tolérant pas facilement les infractions à son autorité et punissant avec la dernière sévérité la désobéissance à ses ordres. Sa politique lui fit rechercher des alliances recommandables pour agrandir ses domaines ; et il parvint enfin à réunir dans la même main les deux comtés d'Armagnac et de Fezensac, par son mariage avec la comtesse Adalmur qui en était l'héritière : son

---

St.-Mont. — Ce fut à cette occasion que le monastère de St-Mont fut l'objet d'une foule de donations, puisque tous les *procérés* de l'Armagnac, parmi lesquels on remarque les Gualard, les Pardeilhan, les Polastron, les Corneillan., etc. etc., vinrent s'y inscrire comme bienfaiteurs de cette communauté; c'était une manière de faire leur cour au comte Bernard Tumapaler, qu'ils regardaient encore comme leur seigneur suzerain.

(Manuscrit relatif à l'abbaye de St-Mont).

(1) Milh. in dioc St.-Greg. Brugèle.
(2) 2 muids de vin, 12 setiers de froment, 1 cochon, 1 esturgeon; hist. de Bearn. Brugèle.

fils Géraud en prit surtout possession d'une manière éclatante en *écartelant les armes d'Armagnac et de Fezensac*.

Après la mort de Géraud, Bernard IV devint comte d'Armagnac (an 1160). Ce fut le premier qui prit l'écusson d'argent *au lion de gueules*. Ce comté commença alors à prendre beaucoup plus de consistance et son importance s'accrut de plus en plus. Bernard IV eut plusieurs enfants dont les prétentions diverses occasionnèrent des troubles intérieurs qui furent d'une gravité telle pour la famille d'Armagnac, qu'elle se vit à deux doigts de sa perte.

En effet, Richard comte de Poitiers voulant profiter de ces dissensions domestiques, y arriva avec des troupes et s'en empara sous le prétexte d'une intervention amicale entre parents (1). Qui l'aurait empêché alors de confisquer le comté à son profit et de faire un acte d'usurpation ? mais il ne voulut pas profiter de ses avantages. Cependant les enfants de Bernard s'étaient livré une guerre longue et acharnée. Géraud l'aîné à qui l'autorité revenait de droit fut dépossédé par Arnaud qui à son tour fut renversé par son autre frère Pierre. Enfin le comte de Toulouse, Simon de Monfort, voulant mettre un terme à ces scandaleuses querelles et rétablir le principe de la légitimité audacieusement méconnu par ceux-là même qui avaient le plus grand intérêt à le maintenir, réintégra Géraud dans son comté, et celui-ci par reconnaissance lui *fit hommage* pour l'Armagnac et le Fezensac (2) (an 1181); mais cette espèce de restauration ne put avoir

---

(1) Richardus interim vasconiam petens, *Lectoram* occupavit, quoadusque vice-comes de Leomaniæ portam-clausam sese-que tradens ab eodem cingulum perciperet apud s. severum (Chronique de Godefroi 1181, Bouquet tom. 12 p. 449.)

(2) Cart. ausc. Oihenart.

lieu qu'à des conditions qui durent singulièrement répugner au comte Simon lui-même; la légitimité ne fut pas rétablie d'une manière absolue; on porta atteinte à son principe de dévolution par ordre de primogéniture; car il fut stipulé que chacun des trois frères gouvernerait à son tour et que les enfants de Géraud ne prendraient possession du comté qu'à la mort de leurs oncles. Aussi Bernard V était-il fort vieux quand il succéda à son père (an 1219). (1)

Cependant la ville de Lectoure ne devait pas jouir long-temps de cette apparence de tranquillité imposée par des forces étrangères. Un nouveau prétexte surgit bientôt et mit en jeu des ambitions rivales. La guerre devint inévitable à la mort de Bernard V; car il ne laissait pas de postérité. Qui lui succèdera? Des prétendants se trouvent toujours. Il en est peu qui fassent abnégation de leurs droits; aussi voyons-nous deux personnages nouveaux se présenter les armes à la main pour les faire valoir et recueillir ce bel héritage. L'un est Arnaud fils d'Othon, vicomte de Lomagne, lequel avait épousé Estienette d'Armagnac; l'autre est Géraud fils de Roger, vicomte de Fezensaguet (2). Ce Roger était un des quatre fils de Bernard IV; mais il n'avait pas voulu entrer dans la querelle de ses frères et s'était contenté de prendre possession de la petite principauté du Fezensaguet.

Voilà donc deux cousins, deux parents membres d'une ligne collatérale qui en viennent aux mains et se livrent les plus rudes assauts. Cette guerre fut longue et sanglante; elle serait même devenue désastreuse pour la con-

---

(1) Pridie Calendas oct. 1219 obiit Geraldus Comes. Necrol de Lacaze-Dieu.

(2) Mosaïque du Midi, pag. 508, art. Lectoure.

trée si Gaston de Béarn n'était venu arrêter l'effusion du sang et mettre un terme à ces hostilités. Il se posa comme conciliateur, apaisa les haines des partis, organisa des conférences où chacun des prétendants fut admis à discuter personnellement ses droits, et où, après force discussions, on parvint à s'entendre un peu, en se faisant de mutuelles concessions. Un accord eut lieu par lequel Géraud, vicomte de Fezensaguet devait prendre possession du comté sous le titre de Géraud V (an 1145) (1).

N'aurait-on pas dû commencer par la voie des négociations avant d'en venir aux armes? Mais non, le pays n'était encore compté pour rien dans la balance : ne devait-il pas son baptême de sang à l'avènement d'une nouvelle lignée? D'ailleurs n'était-ce pas une espèce d'honneur qu'on fesait à la ville de Lectoure en la rendant le théâtre de si nobles querelles?

---

(1) Cart. ausc. Oihen. Brugèle.

CHAPITRE V.

Influence politique des Anglais.

> Environnée de l'Océan, comme d'une large ceinture qui fait à la fois son ornement et sa force, la Grande-Bretagne s'accoutumait à regarder les autres peuples comme de futurs tributaires.
>
> (LHERMINIER.)

Nous venons de voir le comté d'Armagnac passer dans une ligne collatérale après avoir été vaillamment disputé par les armes. Comme ses illustres devanciers, Géraud V ne se montra guère disposé à souffrir la moindre infraction à son autorité ni à permettre le plus petit morcellement du territoire soumis à ses ordres. Un jour le seigneur de Cazaubon refusait de lui rendre hommage et de le regarder comme son suzerain : Géraud veut l'y contraindre; il avait pour lui la légitimité du droit et les moyens de le faire triompher ; mais n'écoutant que son courage personnel, foulant aux pieds les principes de la prérogative du rang, il lui propose un combat singulier : Cazaubon accepte. Escorté d'un petit nombre de cavaliers et accompagné de son frère Arnaud-Bernard, le comte d'Armagnac s'acheminait vers le *Sompuy*, lieu du rendez-vous, lorsqu'en passant sous les croisées du château de Cazaubon il néglige de s'y arrêter, formalité d'usage en signe de déférence entre seigneurs de ce temps-là. Cazaubon s'en offense ; à ses yeux l'injure est par trop manifeste. Il s'arme à la hâte, sort par une poterne avec quelques soldats, court à bride abattue sur l'arrière-garde de son antagoniste et tue de sa propre main le frère du comte, le malheureux Arnaud-Bernard (1).

Surpris à l'improviste, le comte Géraud n'avait pas eu le temps de faire volte-face ; mais indigné d'un pareil attentat commis avec la plus insigne lâcheté, il revient sur ses pas, marche sur le château, l'assiége, s'en rend maître, et, quoique son adversaire eût arboré, avant de fuir, les panonceaux royaux, il le saccage de fond en comble : force fut au roi d'intervenir pour arrêter les progrès de l'anarchie féodale. Géraud eut encore des démêlés avec le comte de Foix relativement aux pays du Marsan et du Gavardan. Ce fut cependant sous sa domination que les Anglais commencèrent à prendre pied dans la Gascogne.

Déjà Henri, comte d'Anjou, héritier présomptif de la couronne d'Angleterre avait eu de son épouse Aliénor, répudiée par Louis-le-Jeune, de vastes domaines dans l'Aquitaine. Devenu roi d'Angleterre, il en prit réellement possession en s'assujétissant toutefois à un hommage envers la couronne de France, ce qui comportait aussi l'obligation de rendre un compte annuel de l'administration du pays.

Plus tard un autre anglais, Edouard 1er, épousa la sœur d'Alphonse, roi de Castille, avec lequel il fit un traité d'alliance pour trouver en lui un auxiliaire dans le cas où il viendrait à être troublé dans ses possessions de l'Aquitaine, que son père lui avait données en faveur de ce mariage, négocié dans des vues purement politiques (2).

---

(1) Hist. du Languedoc et du Bearn.
(2) Marca, hist. du Bearn.

Enorgueilli d'une aussi belle position, ce jeune prince résolut de venir lui-même en Gascogne se montrer à nos populations intelligentes, jaloux de s'attirer leur attention par le luxe qu'il se proposait de déployer. Par ses manières affables, il avait l'espoir de les capter, pour mieux exploiter plus tard ce beau pays au profit de l'Angleterre sa patrie. Ce fut à Ste.-Quitterie près d'Aire qu'il exerça son premier acte d'autorité à l'égard du comte de Foix qu'il accusait d'avoir excité des troubles contre lui. Il l'y retenait prisonnier, lorsque sur les instances d'un évêque de Lectoure il consentit à lui rendre la liberté sous promesse d'être plus circonspect à l'avenir et à la charge de se soumettre à la juridiction de ce prélat en cas d'infraction à sa parole (1).

Voilà donc l'évêque Géraud de Lectoure en relation avec le prince anglais; il paraît même que leurs liaisons continuèrent d'exister dans la suite sous les meilleurs rapports; car Edouard ne fait pas de difficulté de traiter de pair avec lui (2).

Edouard commença bientôt à se poser en suzerain, mais en ayant soin de pallier cet acte de domination étrangère sous l'apparence d'un simple protectorat; aussi s'empresse-t-il d'intercéder auprès du roi de France pour

---

(1) Marca, hist. du Bearn.

(2) Il existe un traité (qu'on peut lire tout au long dans la Gall. Christ.) entre Edouard, roi d'Angleterre et l'évêque de Lectoure (pacta inter Edouardum angliæ regem et Geraldum episcopum Lactorensem), par lequel ce dernier cède au roi les droits qu'il peut avoir sur le domaine de la ville; *nec-non medietatem illius partis quam habet et tenet in molendino de Rapassac cum pertinentibus suis*; et ce, moyennant une rente de *centum libris vendalibus monetæ usualis Burdigalensis; quas centum libras idem Dominus rex pro se et suis hæredibus et successoribus tenetur assignare eidem Episcopo pro se et successoribus infra quadriennium*, etc., etc. (Gall. Christ. tom. 1. pag. 175 de instrumentis).

faire obtenir prompte et bonne justice *à ses fidèles Lectourois*, alors en procès à l'occasion de l'exercice de leurs droits sur la forêt du Ramier (1).

Il s'occupa encore des corporations monastiques alors si puissantes en Gascogne et particulièrement de celle des frères mineurs de Lectoure (2); mais quoiqu'il affectât dans tous ces actes une générosité sans borne, il sut bien se faire payer plus tard ses prétendus services. S'étant engagé à payer de fortes sommes au roi d'Aragon pour la rançon du prince de Salerne, c'est la Gascogne qui s'imposera par des souscriptions qu'il leur permet adroitement d'appeler volontaires (3).

Enfin ce même Edouard caresse l'évêque de Lectoure dans les termes les plus flatteurs quand il se trouve me-

---

(1) Littera regi Franciæ rogatoria pro universitate Lectoriæ. « Regi » Franciæ, rex Angliæ salutem; cum sinceræ dilectionis continuis in- » crementis. Cum universitas dilectorum et fidelium hominum nostro- » rum Lectoriæ causam habeat in curia vestra Tolosæ eorum judicibus » deputatis à vobis, inter ipsos et senescallum vestrum Tolosanum su- » per foresta quæ vocatur *Laramar*, sitque inter ipsos homines et » præfatum senescallum, super aliis rebus diversis, orta coram iisdem » judicibus materia questionis; magnificentiam vestram affectuose requi- » rimus et rogamus, quatenus petitiones ipsorum hominum nostrorum » super præmissis et aliis prodictis cum eas sublimitati vestræ exponi » fuerint, ac etiam super deliberatione hominum per eumdem senes- » callum injuste arrestatorum, favorabiliter audire, et debitam justitiam » iisdem benigne fieri jubere, et ipsos ut jus suum prosequi possint » manuteneri facere velitis nostri rogaminis interventu. »
Data apud Cirencestre quarto die februarii 1282 (Thomas Rymer, Rôles Gascons, tom. 1 pag. 198).

(2) Pro Fratribus minoribus de Lectora de inhibitione amovenda super ædificatione in placeâ (ibid. Rymer.)

(3) On trouve dans les actes du même compilateur Rymer une procuration par laquelle les consuls de la communauté de Lectoure, rassemblés *dans l'église du St-Esprit, lieu ordinaire de leurs séances*, donnent pouvoir à certains personnages de Lectoure de courir dans toute

nacé par le roi de France; il traite ce dernier de leur ennemi commun; il supplie l'évêque de l'aider dans ses moyens de résistance et l'engage à insinuer à ses ouailles qu'elles ne doivent pas, dans leur propre intérêt, secouer une domination étrangère (1).

Dans sa correspondance avec les autorités de Lectoure, quelle déférence, quelle urbanité! Et quand il leur envoie un message n'a-t-il pas le soin de le confier à des personnages éminents afin de montrer par là le cas qu'il fait de cette localité (2)?

---

la Gascogne et de faire leurs efforts pour faire contribuer les autres communautés du pays au payement de la somme de 55,000 marcs d'argent, que le roi d'Angleterre s'est obligé de payer au roi d'Aragon pour la rançon du prince Charles de Salerne. Les députés Lectourois se dévouèrent et prêtèrent serment sur le salut de leur ame et en présence des députés du roi d'Aragon de bien et fidèlement remplir leur mission. (Rymer, tome 1, part. 3, pag. 58).

(1) Le roi d'Angleterre au vénérable Géraud, évêque de Lectoure, salut: » Comme nous avons été chassés de notre terre de Gascogne méchamment et par trahison par Philippe-le-Bel et ses gens, *nos ennemis,* » *comme vous le savez,* nous vous prions affectueusement (affectuose) » de nous prêter secours et assistance pour y rentrer et nous y maintenir. Pour cela vous devez engager les hommes de ce pays de revenir à nous et de rester sous l'ancien état de domination qu'ils ont » subi jusqu'à ce jour eux et leurs ancêtres. »
Donnée à Portbsmouth, le 10 juillet 1294.   Signé, EDOUARD.
(Rymer, Rôles Gascons, tom. 1, part. 3, pag. 133).

(2) Dans les lettres de créance nous voyons figurer les noms des Amadeu, comte de Savoie; Henri de Lacy, comte Lincoln; Othon de Grandisson.
Rex majori, juratis et communitati de Lectoræ salutem: Cum ad partes vasconiæ dilectos et fideles nostros, Amadeum Sabaudiæ, Henricum de Lacy, Lincolnæ comitem, consanguineos nostros et Othonem de Grandissono et Almericum de Credonio, nostros *speciales nuncios* destinemus. Vos rogamus quatenus præfatis nunciis vel duobus eorum in his quæ vobis ex parte nostra duxerint exponenda, fidem indubitatam, firmamque credentiam adhibeatis et ea velitis benigne et effectualiter adimplere.
(Data apud Huntyngton vicesimo secundo martii 1303. (Rymer, Rôles Gascons tom. 1, pag. 22.)

Les successeurs d'Edouard ne furent pas infidèles à sa politique envahissante ; même au-delà des mers et confinés dans leur île, ils font preuve d'une ténacité qui démontre leurs regrets de ne pouvoir dominer encore dans notre belle Gascogne. Toutefois, en vrais diplomates, ils continuent toujours à entretenir des relations avec le pays et à faire souscrire des actes qu'ils pourront invoquer plus tard comme des précédens lorsque l'occasion d'y revenir se présentera. Croirait-on, si on ne le lisait, que c'est nous qui payerons encore les frais de la guerre entre les Anglais et les Ecossais ? La lettre est assez curieuse pour être rapportée (1).

Pendant que ces choses se passaient, les comtes d'Armagnac donnaient cependant signe de vie. Bernard VI démontrait d'un seul trait la véhémence et la susceptibilité de son caractère. Marié d'abord à Isabelle d'Albret, il épousa plus tard la fille du comte de Rhodez qui lui apporta de vastes possessions devenues depuis dépendances du comté d'Armagnac. Mais à la mort du comte de Foix, *de ce bon Gaston aux yeux vairs et amoureux, de belle*

---

(1) Le roi d'Angleterre à l'évêque de Lectoure, salut :

« Quoique nous désirions laisser les prélats dans la tranquillité et la paix, cependant nous sommes forcé par les circonstances à vous demander des secours. Comme dans cette saison d'été les Ecossais ne cessent de ravager nos terres, nous nous proposons de partir avec des chevaux et des armes; mais pour cela il *nous faut une infinie quantité d'argent*. En conséquence ayant confiance en vous pour notre honneur et notre avantage, nous vous supplions de nous fournir des subsides suffisans, mais proportionnés toutefois à vos ressources ; car nous serions désolé qu'ils fussent l'occasion d'un trop grand préjudice pour vous et vos successeurs, pour l'église et le pays.

Donnée à Nerwerk, le 13 janvier 1325.

Signé : EDOUARD II.

(Rymer, tom. 2, part. 2, pag. 60.)

forme, de belle taille, sanguin et riant (1), Bernard crut avoir des droits à cette succession du chef de sa mère. Son oncle qui avait épousé une fille de Gaston voulut rabattre ses prétentions et lui montra un testament en sa faveur fait par Gaston lui-même. Mais le bouillant et impétueux Bernard soutint pardevant le roi de France que Roger son oncle avait *falsifié cette pièce* (2), et dèslors commença entre l'oncle et le neveu, entre les deux maisons de Foix et d'Armagnac, cette guerre funeste qui remua l'impassibilité du trône et réveilla les sollicitudes du Vatican (an 1290.)

Elle commença par un duel ordonné entre les deux comtes par arrêt du parlement sur cette grave accusation *de faux* qui entraînait peine de *félonie*. La rencontre devait avoir lieu à Gisors en Normandie, pour éviter que le pays ne prît couleur dans cette affaire ce qui serait infailliblement arrivé s'il eût été témoin du combat. Le roi Philippe s'y rendit en pompe avec toute sa cour....

Bientôt on vit arriver les deux champions avec leurs escortes respectives. Entrés seuls dans l'arène, la visière baissée, la lance en arrêt, ils attendaient le signal ; mais le roi voyant la haine dont ils étaient animés et redoutant les suites d'un combat à outrance entre deux chevaliers braves et aussi proches parents, arrêta le duel, et l'annula ; et comme on hésitait à exécuter ses ordres, il ordonna de les faire sortir par force du champclos (3). Cependant sur la demande des parties il rédigea une lettre dans laquelle il leur accorde toutes réserves et ne préjuge pas la question du droit (4). Cette guerre

---

(1) Froissart.
(2) Marca. hist. du Béarn.
(3) Hist. du Bearn, Marca.
(4) Ne prétendant ni ne voulant que par ceci il soit ôté ou acquis

fut mise en surséance pendant que le roi de France et celui d'Angleterre vidaient leurs différends relativement au pays de Gascogne ; mais à la mort de Roger elle fut reprise entre les deux cousins avec un acharnement tel, que le roi fit exprès le voyage de Toulouse pour y mettre un terme (1). On travailla pendant un mois à les accorder. Les barons et les prélats réunis en assemblée présentèrent inutilement plusieurs projets de traités. Rien ne put réussir. Fatigué de ces longueurs et ne pouvant rien gagner sur leur obstination, le roi Philippe rendit un arrêt, et les deux comtes allaient s'incliner devant la volonté royale, lorsqu'à leur tour les femmes s'en mêlèrent et n'y voulurent point adhérer. Le pape Jean XXII lui-même intervint et chargea l'archevêque Amaneu, oncle de Bernard, d'arrêter ces scandales. Ce prélat mourut avant de pouvoir remplir sa mission. Enfin les deux comtes fatigués eux-mêmes remirent leurs différends à la décision et à l'arbitrage du roi de Navarre, qui ne prononça la sentence que long-temps après (an 1329) et lorsque Bernard fut mort, ayant désespéré peut-être de pouvoir les arranger du vivant de l'un deux, ou croyant trouver dans cette sage longanimité le moyen d'assoupir leurs haines. Par cette décision, le successeur de Bernard, Jean 1.er, devait augmenter son comté des pays d'Eauze, Manciet et de la vicomté de Brulhois. On obéit quelque temps à cette sentence, mais les animosités entre familles étaient héréditaires et trop vivaces encore ; les représentants des deux maisons ne recherchèrent pas moins dans la suite à ranimer leurs vieilles querelles et à profiter de toutes

---

aucun droit à nulle de parties touchant la question d'hérédité mue entr'elles. (Lettres pat. de Philippe, Marca.)

(1) Hist. du Béarn, Marca.

les occasions propres à rallumer cette guerre de famille.

Maintenant nous allons suspendre provisoirement cette biographie. Après nous être occupés des *hommes*, voyons *les choses*.

CHAPITRE VI.

Coutumes et Franchises.

> Et deuon jurar qué sarbaran et gardaran lours fors, lours coutumas et lours usatgés entiers et obtenguts en la ciutat de Laytora...
> (*Coutume de Lomagne*, art. 31).

Jusqu'à présent nous n'avons vu que deux éléments posséder et exercer séparément et quelquefois simultanément le pouvoir à Lectoure : tantôt c'était *le seigneur;* tantôt *l'évêque;* souvent tous les deux ensemble. Mais cette ville ne porte pas en vain le titre de *cité*; elle renferme dans son sein un troisième élément : c'est *le peuple.* Primitivement d'origine affranchie, sans possessions territoriales, il s'appellera bientôt *bourgeoisie*, *tiers-état*, à mesure que s'étendront ses relations commerciales et industrielles. Il voudra alors des libertés et se montrera aussi brave et opiniâtre pour les obte nir qu'intelligent et jaloux quand il s'agira de les conserver et même de les étendre.

Nous ne devons pas oublier ce qu'était la *cité* au commencement; de quels priviléges, de quels avantages, de quelle grande considération jouissaient les villes gratifiées de ce titre ; mais au moyen-âge la cité prend une autre physionomie plus expressive, plus vive, plus empreinte de virilité; aussi chaque ville veut être *cité* elle-même. C'était alors le caractère uniforme de toute cité de réunir 1º un palais ou château ; 2º un temple ; 3º un hôtel-de-ville. Si la cité de Londres eut sa *cathédrale de St-Paul*, *sa Tour*, *son Guild-hall*, Paris avait en même temps dans son île de la Seine, *Notre-Dame*, *les palais de ses rois de la troisième race*, enfin *l'Hotel-de-Ville*. Pareillement les petites villes durent se modeler sur ce cadre ; mais dans des proportions relatives à leur importance respective.

Nous retrouvons ce triple caractère du moyen-âge dans la ville de Lectoure du 13.e siècle. Elle avait, en effet, *les trois maisons des trois maîtres* de cette époque : 1.º *La maison de Dieu* : c'était *l'église de St-Gervais*, la cathédrale actuelle. Construite à diverses reprises, peut-être même bâtie et rebâtie plusieurs fois par suite des profanations qu'elle eut à subir, c'est bien elle encore avec ses derniers vêtements de la renaissance, frangés au style ionien et corinthien : nous avons la preuve de son existence au 13.e siècle ; elle résulte du livre des coutumes (1). 2.º *La Maison du Seigneur* : c'était *le Château à l'ouest*, l'ancien château des Armagnacs ; vieille redoute démantelée lors des dernières guerres civiles. Sur ses ruines s'élève aujourd'hui un magnifique hôpital dont nous parlerons plus loin. 3.º *La mai-*

---

(1) Item, lou Capitoul *de sainct Geruazy* deu auer las poeilhas des porcqs et la carta part dels pieis des boucus, etc., etc. (Coutume de Lomagne, art. 43.) — Il existait à la porte d'entrée du clocher une pierre qui a disparu plus tard et sur laquelle était inscrit le millésime de 1444. — En 1513, Jean de Barton, évêque de Lectoure fit reparer le chœur et jeta les fondements de la nef ; on découvrit alors dans les décombres de l'ancienne église, si l'on en croit les auteurs de la Gallia Christiana, des marbres et inscriptions tauroboliques, dont peut-être quelques-uns figurent aux piliers de la halle ; l'église St-Gervais, dédiée aussi à St-Protais fut achevée en 1746 : sa longueur est de 68 mètres ; sa largeur de 20 mètres 45 centimètres. La hauteur des voutes est de 22 mètres 20 centimètres.

son de la Bourgeoisie: elle ne fut pas bâtie d'abord; mais *l'église du Saint-Esprit* lui en tenait lieu. C'était là en effet que se réunissaient pour délibérer les assemblées des baillis et consuls de la communauté de Lectoure; car nous lisons dans le Recueil de Thomas Rymer, conservateur des archives de la tour de Londres, une procuration à la date de 1288 par laquelle les baillis et consuls de la ville de Lectoure, *assemblés dans l'église du St-Esprit, lieu ordinaire de leurs séances* (1), nomment plusieurs citoyens de cette ville pour aller dans toute la Gascogne chercher l'argent nécessaire au payement de la rançon du prince de Salerne (voir *supra* aux notes, pag. 46). Ce fut en 1594 seulement que fut bâti l'hôtel-de-ville proprement dit, celui qui fait dépendance de la halle et sur les murs duquel on peut lire quelques inscriptions romaines. Voilà pour les monuments: mais ce qui imprime à l'histoire de la ville qui nous occupe un caractère tout particulier, c'est le document que nous allons faire connaître et qui est assurément la pièce la plus grave, pour donner une date certaine à cette révolution sociale, marquer l'apparition du tiers-état, constater son entrée, sa participation aux affaires, sa coopération à l'exercice des pouvoirs publics. Nous voulons parler de la *Coutume de Lomagne*, ce code de leurs lois civiles et administratives, la charte de leurs privilèges, franchises et libertés.

Jusqu'à présent on ne la connaissait que par tradition; on savait bien qu'elle avait été rédigée par écrit en 1294;

---

(1) *In ecclesiâ sancti spiritu Lactorensi, in loco more solito congregati...* (Procuration signée de six témoins et rapp. par Thomas Rymer, tom. 1, part. 3, pag. 58. Elle est à la date de mars 1288 17.e année du règne d'Edouard 1, roi d'Angleterre, qui sollicitait lui-même cette espèce de souscription en faveur de Charles son parent).

il en avait été question dans une délibération de la communauté de Lectoure, document digne encore de fixer l'attention d'un observateur, soit comme manifestaion d'esprit public, soit comme preuve de l'attachement des communes de l'ancienne monarchie à leurs vieilles franchises (1). Autrefois ce livre était précieusement conservé dans la maison commune (2). Une note trouvée dans de vieux registres d'anciennes délibérations nous en donne le signalement (3). Il a complètement disparu depuis longtemps; mais nous avons été assez heureux pour en retrouver une copie assez fidèle (4) qui date au moins, de la

---

(1) Que devenue trop faible pour résister à ses ennemis, la ville de Lec-
» toure appela en paréage en 1294 Hélie de Thallayrand, vicomte de
» Lomagne.... Que ce fut à cette époque, qu'après un serment mutuel
» de fidélité, *on redigea par écrit les anciennes coutumes.* » (Délibération de la communauté de Lectoure du 9 novembre 1788).

» (2) Item ung coffré à trés saralhas per tenir les documents de la
» villa, los privilégés viels et nobels, le libre de las costumas, etc., etc.
(Inventaire de 1502 ; note trouvée à la mairie).

» (3) Le livre des statuts et coustumes de la présente ville et cité de
» Lectoure qu'est tout de parchemin et est couvert de postes et com-
» mence par ces mots : *ayssi coumensa la taula de las coustumas de*
» *la honorable ciutat de Laytora* »... (Ailleurs et dans une délibération de la municipalité de 1788, on ajoute « qu'il est écrit sur parche-
» min et recouvert de postes et de bazane rouge ») Lesquelles coustu-
» mes furent faites an l'an de l'incarnation du fils de Dieu, notre Sei-
» gneur 1294, M. Hélie de Thalayran, pour lors vicomte de Lomaigne
» qui les confirma de sa confirmation en dessus aussi inscrite. Au fond
» dudit livre il y a aussi certaines coustumes sur la création et élection
» des consuls et trésoriers ou boursiers de la présente ville. Et aussi
» y est le dénombrement des péages qui se prennent en ladite ville.
» Les coustumes sont enregistrées en la cour souveraine du parlement
» de Toulouse, et dans un grand régistre d'icelle qu'est couvert de pos-
» tes et est tout de parchemin que servira si cas estayt que ledit livre
» de céans se perdit.   (Note trouvée à la mairie).

(4) Et que nous devons à l'obligeance de M. Séverin Barailhé, avocat, qui a bien voulu nous en laisser prendre communication.

fin du 15.ᵉ siècle, puisqu'on y rapporte à la dernière page une lettre patente de Charles VIII.

Nous allons donc à l'aide de ce document essayer de continuer notre histoire, et tâcher de faire connaître la constitution de la communauté Lectouroise au 13.ᵉ siècle, sous le rapport du droit public et administratif, civil et criminel.

Et d'abord si nous apprenons que les coutumes furent rédigées par écrit en 1294, il n'en est pas moins vrai qu'elles remontaient à des temps bien plus éloignés, puisque nous y trouvons que les priviléges dont jouissaient les habitants furent peu à peu et à force d'obstination et d'adresse obtenus et arrachés des mains de leurs dominateurs (1).

En ce qui touche leur légalité, leur constitutionnalité s'il est permis de parler ainsi, nous avons les lettres patentes de plusieurs rois de France (2) et même des arrêts de parlement qui les reconnaissent (3). L'enregistrement qu'on en fit dans les archives de ce dernier

---

(1) Lasqualas coustumas et uzatgés *loungomen approubatz et obtenguts* » en la ciutat de Laytoura per lours habitants del meys loc... (Coutume » de Lomagne, art. 71). »

(2) Indépendamment de l'approbation spéciale qui en est faite par le vicomte de Lomagne lors de leur rédaction, nous avons des lettres patentes et ordonnances royales qui les approuvent et les confirment : elles sont de Philippe de Valois, 1333; Charles V, 1369; Charles VII, 1448; Louis XI, 1473 et 1481; Charles VIII, 1487; Louis XII, 1498 et 1501; François 1, 1519; Henri II et Henri IV, 1576 et 1608; Louis XIII, 1613; Louis IV, 1680, lesquelles furent toutes enregistrées au parlement de Toulouse et la dernière le 16 avril 1680.

(3) Voir les arrêts rendus par le parlement de Toulouse : l'un est du 8 août 1679 entre le seigneur de Castelnau et la dame de Combarrau ; le second entre la dame Gavarret et les héritiers de la demoiselle de Petit, à la date du 8 mars 1697.

corps (1) serait une preuve suffisante de leur sanction et de l'autorité qu'elles avaient dans le pays où elles passaient en force de loi.

Quoique seigneurie particulière (2), la ville de Lectoure n'était réellement *tenue* par personne; elle conservait toujours son ancien caractère de ville libre et indépendante, et si nous remarquons parfois qu'elle se donne des vicomtes, des comtes, des seigneurs, en un mot, si elle se soumet aux rois de France et leur paye des impôts, c'est toujours en vertu d'un contrat bilatéral dont le germe et le complément se trouvent dans leur charte constitutive, contrat qui lui était impérieusement et politiquement commandé par les circonstances et les mœurs du temps. En effet, nous ne voyons par encore en France un gouvernement central fortement organisé et dont l'unité puisse imposer à toutes les provinces une conformité de règles et de lois également exécutoires pour tous, un gouvernement qui puisse leur promettre aide et protection en cas d'attaque.

Les petites villes pouvaient donc à tout instant concevoir des craintes sur leur existence à venir; elles ne se trouvaient pas toujours assez fortes pour résister à un ennemi qui pouvait surgir à l'improviste; de là la nécessité de reconnaître un seigneur et de passer un traité avec lui; nous avons vu celui qu'elle signa avec Hélie de Thallayrand.

Si elle lui garantit des subsides pécuniaires, si elle lui concède des droits et prélèvements, si elle s'assujétit

---

» (1) Virifiées et enregistrées au parlement de Toulouse, le 19 décem-
» bre 1481 et le 16 avril 1680 pour la dernière fois. » (Délib. de la
comm. du 9 novembre 1788.)

(2) Attendu que cette ville est une seigneurie particulière. (Délib. del
comm. de Lectoure du 9 novembre 1788.)

enfin à lui payer des impôts, c'est pour en retirer à son tour protection et appui. La ville de Condom en avait fait autant en acceptant, en 1286, le patronage du roi d'Angleterre (1). C'était une espèce de vasselage qui ressemblait à celui que s'étaient imposées les clientèles volontaires ou forcées de l'ancienne Rome et de la Grèce : les vassaux se dévouaient corps et biens à leurs seigneurs; à leur tour ces derniers promettaient aide et protection à leurs clients.

C'est ainsi que Lectoure se donne à Philippe-de-Valois pour être délivrée à jamais des Anglais ses oppresseurs (2); qu'elle se met, plus tard, sous la protection de Charles V (3) ; c'est ainsi enfin, qu'elle contracte un engagement avec le vicomte de Lomagne (4).

Mais cet engagement de payer des impôts est volontaire jusqu'aux derniers temps. La communauté voulant se mettre à l'abri de vexations, quant au mode de perception, prit la détermination de s'abonner pour une certaine quotité (5). C'était se soustraire ainsi à la juridic-

---

« (1) Paréage de 1286 passé entre Edouard 1, roi d'Angleterre et duc
» de Guyenne, et Auger, abbé du monastère de Condom. » (Journal d'annonces de Condom, 10 septembre 1833).

« (2) Que les Anglais ayant été chassés de la Guyenne, Philippe-de
» Valois par ses lettres-patentes du mois de janvier 1333, a confirmé
» et ratifié les anciennes coutumes, etc. » (Délib. de la comm. 9 novembre 1788).

« (3) Que s'étant donnée volontairement à Charles V, celui-ci avait
» aussi approuvé et confirmé lesdites coutumes et franchises par lettres
» patentes du mois de mai 1369. » (Délib. du 9 novembre 1788).

« (4) Que devenue trop faible pour résister à ses ennemis, elle appela
» en paréage Hélie de Thallayrand, vicomte de Lomagne, etc., etc. » (Délib. du 9 novembre 1788).

(5) Attendu qu'abonnée pour le vingtième, la ville de Lectoure n'a jamais été soumise pour raison de ses impositions ni aux cours des aides, ni aux élections (Délib. de la comm. du 9 novembre 1788).

tion de ce qu'on appelait *les élections*; c'était éviter surtout le contrôle de la *cour des aides*, cette commission créée par Philippe de Valois et qui connaissait du contentieux en ce qui concernait les tailles, les gabelles, et autres droits de subsides.

La cour des aides de Montauban voulut essayer un jour de décerner des contraintes pour forcer les consuls de Lectoure à lui soumettre les comptes de la ville; mais le parlement de Toulouse repoussa cette prétention et cassa l'ordonnance de 1770, pour cause d'incompétence: « les élections sont des tribunaux d'exception, » disait-il, dont les attributions ne peuvent être étendues » sur les pays d'état tels que la ville de Lectoure qui » a toujours joui du droit commun. » Il fit plus, il prit sous sa sauvegarde les syndics et consuls de la communauté de Lectoure, ne voulant pas qu'ils eussent d'autre juge que le parlement, leur protecteur naturel (1).

La communauté de Lectoure ne manquait jamais de rechercher toutes les occasions propres à faire reconnaître, approuver, ratifier et quelquefois étendre même ses droits et priviléges. Nous rapporterons en temps et lieu des lettres patentes rendues à cet effet par les rois de France.

Quand nous disions que la ville de Lectoure ne reconnaissait qu'un seigneur, nous n'étions pas exacts; régulièrement parlant, elle en reconnaissait plusieurs à la fois; mais cette multiplicité n'était que pour la forme, c'est-à-dire pour céder aux exigences du temps ou se plier aux usages alors en vigueur dans les autres villes voisines: le principe était reconnu, peu importait que celui qui devait le représenter fut seul ou multiple. Ainsi les Lec-

---

(1) Délib. de la comm. du 9 novembre 1788.

tourois regardaient le roi de France comme *leur comte* (1). Hommage et serment de fidélité fut rendu en cette qualité à Henri IV lorsqu'il alla personnellement à l'hôtel-de-ville pour y jurer la conservation de leurs droits et priviléges (2). Les Armagnacs n'étaient que *les vicomtes*; quelquefois les *évêques* partagèrent avec eux ce titre et profitèrent ainsi des immunités qui y étaient attachées.

Par exemple, lorsque l'évêque Géraud traite avec le roi d'Angleterre du domaine de la ville et lui vend, comme nous avons vu, le moulin de *Repassac* (Voy. p. 45, *supra* notes 2). Cette usine était effectivement une propriété de la ville : cela résulte de l'acte de vente que nous avons rapporté à la note 2, de la page 45. Il y avait tout auprès une pièce de terre qui portait le même nom et dont la commune ne se dessaisit qu'en 1439, comme on peut le voir à la note ci-dessous (3).

---

(1) Item lours seignours de Laytora, so es à saber : *lou rey, lou viscompté* et *l'avesqué* deuon auer, etc., etc. (Coutum. de Lom., art. 42.)

« (2) Que ce fut le 23 août 1576 qu'Henri IV s'étant rendu à l'hôtel-
» de-ville y reçut hommage et serment de fidélité en sa qualité de comte
» et jura la conservation des coutumes et franchises rédigées en un
» livre couvert de bois que ledit seigneur roi et comte a touché » (Délib. de la comm. du 9 novembre 1788.)

(3) L'an M. IIII. et XXXIX, à quatre jorns del mès de desembré los ss. Johan d'Aurignac, Rey de Boquet, Gualhard Azema, sans d'Escoussigué, Johan Bezin, mestré Guilhem Bordes, conseilh de la ciutat de Laytora de l'an desus dit, aliuren (alienent) et a novet fins balhen à Pey et à Guilhem de la Guarda, frays habitans de Laytora, *tota aquera pessa de terra aperada la tasqua de Repassac* plena de segua et despinas, *loqual sia de la billa, del qual no abia negun...*, et par tant que la desborigué et la adobé et la essartigué, en la ribera del Gers, confrontant ab la riu de corregé et ab la carrero publica et ab lo *flubi del Gers* et ab lo prat de Gualard Azema et ab lo prat dels heretes de Bidou Delas.... ab la pencion de quatre dinés de morlaas (Environ 12 deniers

La ville de Lectoure était donc une seigneurie particulière, indivisible, et impartageable (1); on ne peut dire toutefois incessible (2) puisque les Armagnacs se mirent en 1377 au lieu et place des vicomtes de Lomagne, en prirent le titre, et renouvelèrent en cette qualité leur paréage de 1294.

L'autorité seigneuriale était transmissible par succession en ligne directe de mâle en mâle et par ordre de primogéniture (3).

Cette autorité seigneuriale était limitée par *la coutume*. Les Lectourois étaient tellement jaloux de sa conservation qu'ils prévirent le cas où ils pourraient être désaccord avec le seigneur pour l'interprétation de quelqu'un de ses articles; aussi une commission de prud'hommes était-elle nommée pour dire son avis, indiquer le véritable sens des passages obscurs, et même pour faire ériger en coutume écrite les usages enracinés dans l'esprit, implantés dans les mœurs du peuple et observés jusqu'alors par lui comme loi (4). L'on ne demandait à cette

---

tournois) paguados cascun an en la festa de Tots Sans, parals et per tot temps ab carta estanguada (par acte passé) per mestré Domengès de Troussens, notary l'an et le jorn desus dit. (Note trouvée à la municipalité.)

(1) Lou viscomptat de Lomagna nou deu esser debezit ni partit. (Coutume de Lom. art. 2).

« (2) Attendu que les comtes d'Armagnac ayant acquis la vicomté de
» Lomagne, la ville de Lectoure renouvela son paréage avec eux en
» 1377 en leur qualité de vicomtes de Lomagne » (Délibération du 9 novembre 1788).

« (3) Ni y deu auer mas un seignor so es à sauer lou premié nat, et
» si lou seignor viscompté avia Filha ou Filhas nou deu auer alcuna
» part deldit viscomptat mas que deun esser maridadas ab divers » (Coutume art. 2).

(4) Item si era countrast entre lours predics seignors d'una part et els prédics ciutadans d'autra, souber alcuna coustuma, et uzatgé lou con-

commission d'autre garantie pour la sûreté et la sincérité de ses décisions que la solennité d'un serment sur le livre des évangiles. Le résultat de leurs délibérations, leurs conclusions en un mot, passaient en force de loi et étaient considérées comme le complément des coutumes écrites.

Cette seigneurie n'était soumise à aucune imposition directe. Elle accordait bénévolement des prélèvements ou subsides au seigneur, à l'évêque, au roi, aux autorités municipales (1). Ses habitants avaient le droit de posséder leurs propres biens franchement et allodialement (2), c'est-à-dire, dégagés de tout assujétissement féodal.

Elle avait enfin la justice haute, moyenne et basse (3), administrée par le seigneur, ses baillis, le conseil de la commune et les consuls. Chacune de ces juridictions avait ses attributions particulières, et ressortait en cas d'appel du sénéchal de Gascogne (4). Nous verrons plus tard que la justice royale y sera représentée et exercée par un sénéchal, par un présidial, ensuite par un tribunal.

---

seit del meys loc deu enqueré, serquar bertat d'aquera coustuma ab dels prudhommes de Laytora dignes dé fé ab sagremen d'avangelis et asso que ab aquels trouvadas deu auer balour et esser jutgat per coustuma... (Art. 56, cout. de Lom.)

(1) Délib. du 9 novembre 1788 et coutume de Lomagne).

(2) Délib. de la comm. du 9 novembre 1788.

(3) Jus summæ, mediæ ac infimæ coercitionis (Chopin).

(4) Item si alcun cintadan de Laytoura esser aggravat d'alcun jutgemen ou d'alcuna sententia, ou d'alcun autre greuzé de la cort dels seignors, ou de los bayles, ou dautre, deu appellar al seignor senesqual de Gascougna ou à son loctenent (art. 14 de la Cout. Cela résulte en outre de l'esprit de plusieurs autres dispositions combinées : elles se retrouvent mêmes pour les délais et la forme d'appel aux art. 20, 21, 29, 40 et 46 de la même Coutume de Lomagne).

Les Consuls.

Les consuls jouaient un rôle très important dans l'ordre hiérarchique, si l'on considère les attributions nombreuses, judiciaires, administratives et de police qui leur étaient dévolues. Réunis, ils formaient la cour de la municipalité.

Ils étaient désignés par le peuple convoqué à son de trompe et leur nomination devait être approuvée et ratifiée par le seigneur ou ses baillis (1). On sentit plus tard les inconvénients de ce mode d'élection et nous verrons quels amendements y furent apportés.

Avant d'entrer en fonctions ils prêtaient le serment de bien et fidèlement exercer leur charge; ils assumaient en outre, sur leur tête une grave responsabilité : celle de ne laisser altérer en rien les institutions de la cité, ni porter atteinte aux droits des seigneurs; ils juraient de rendre une justice impartiale, égale pour tous, pour les pauvres comme pour les riches (2).

Ils devaient tenir la main à l'exécution de tous jugements prononcés (3).

---

(1) Et deuon jurar qué be et légallemen tam quam lour officy durara, gardaran à lour pouder lou dret del seignor et del communal : et seran commonales als paures et als riches (Cout. de Lom., art. 34).

(2) La universitat et communal de Layloura pot et deu legir consules ad volentat deldit communal, aperat ab cor o ab trompa, et auan que ledits consuls sian mantenguts deuon esser demustrats als prédits seignors o à lours bayles, lorsquals seignors on lours bayles deuon confirmar lousdits consuls sens tout prolongomen (Coutume de Lomagne, art. 32).

(3) Las causas obligadas o déterminadas deuon far tenir et mandar à exécution. (Cout. de Lom., art. 36).

Gens du Seigneur. — Serment. — Organisation. — Attribution, etc., etc.

Le seigneur nommait lui-même son bailli et ses autres fonctionnaires subalternes ; mais ceux-ci devaient préalablement prêter serment devant le conseil de la communauté et jurer d'agir dans l'exercice de leurs fonctions toujours d'après les lois établies et avec loyauté (1): ils promettaient de ne révéler à qui que ce fût les secrets qui pourraient leur être confiés ou dont ils auraient connaissance officiellement concernant les affaires de la communauté. Ils devaient assurer la liberté individuelle, garantir le respect de la propriété envers et contre tous, conserver intacts les droits et privilèges résultant des dispositions coutumières. Les seigneurs étaient tenus d'observer ces mêmes règles dont les bases étaient établies dans la coutume.

Ainsi leurs baïles ou sergents étaient sans droit pour saisir ou confisquer arbitrairement les propriétés privées : ce n'était qu'en cas de meurtre ou délit grave entraînant une forte amende ; ils le pouvaient encore lorsqu'un individu, cité devant leur cour pour délit de coups et blessures, refusait de comparaître (2). Il arrivait même qu'on décrétait une prise de corps contre le défaillant

---

(1) Item si ly seignors de la dita ciutat metoun ou pouzan baïle o alcuns de lours en la dita ciutat, et dit baïle deu jurar al conseilh de la meissa ciutat que lour sera, bon, legal et obédient, et que lours secrets nou revelera à alcuna persona, et que lours habitans de la dita villa gardera de tort et de força et de sy meys et d'autruy à soun pouder; et que lours serbara et gardara lours fors, et lours coustumas et lours uzatges entiers, et obtengutz en dita ciutat (Art. 31., Cout., voir aussi les art. 19, 20, 20 bis, et 31 bis).

(2) Item alcuns dels seignors de la ciutat de Laytoura ni lours baïles ; ni lours coumpagnous nou poudoun ni deuon mestré ni pouzar ban sou-

s'il ne possédait pas d'immeubles ou s'ils étaient insuffisants pour représenter un cautionnement (1).

Les biens des citoyens étaient insaisissables pour dettes purement civiles et provenant d'obligations privées; on ne pouvait même y établir des gardiens (2). Et quant aux citations, exploits, actes de procédure, en un mot, les officiers ministériels du seigneur devaient les faire sans frais et sans honoraires (3). La préoccupation des Lectourois pour se soustraire au joug seigneurial était si grande, qu'ils stipulèrent formellement dans l'article 32 une défense expresse au seigneur d'acquérir des actions et se substituer à un créancier sans la volonté du débiteur lui-même : une indemnité était prononcée en faveur de ce dernier par le conseil de la commune ou la cham-

---

ber alcun be de alcun ciutadan ou ciutadana de la dita ciutat, en alcun cas, si no que lé ben d'aquel ciutadan ou ciutadana houssan encourregutz per murtré ou per autré cas; et la betz deun esser preis lousdits bés per lousdits seignors et per lou counseilh de la ditta ciutat : empero si alcun ciutadan ou ciutadana de la dita ciutat per plagua ou qualqu'autre malefeit, ou per desobedensia que nou boulgues benir ni comparar dauan lousdicts seignors et dauan lour cort, lesdit seignors poden bandir ou purguir lous bés d'aquel défaillent....... (Cout. de Lom. art. 17).

(1)...... Si nou coumparoun los que sian citax dauan lours dits seignors, lous podoun countreigné per peignouras de lous bés tant entré que benguon per dauan lour; et si bés nou auan en qué pougassan esser peignouratz, que deuon esser distraits per prenément de lours corps..... (Cout. de Lom , art. 18).

(2) Item ly auandicts seignours ni lours bailes nou poudoun ni deuon mestre sargeant souber lours bés ou en ostal d'alcun ciutadan ni de lours appartenensas per deuté ni per obligation per louy meysour, ni à la requesta d'autruy. (Cout. de Lom., art. 20).

(3) Item ly sergeant des auandicts seignours nou podoun ni deuon prendre alcung salary d'alcun habitant dela dita ciutat per citar ni per peignourar. (Cout. de Lom. , art. 19).

bre des prud'hommes en cas d'infraction à ces règles de la part des seigneurs (1).

Professions libres. — Avocats. — Notaires.

Tout individu qui voulait exercer la profession d'avocat (dit la coutume), devait avant sa plaidoirie jurer de ne rien dire contre sa conscience, de rechercher la vérité, de parler avec loyauté sans reticence et sans mensonge. Rigide observateur des secrets obtenus par la confiance, il ne les divulguera pas à la partie adverse et ne trahira pas, par des conseils, la foi jurée (2).

Et si un malheureux plaideur ne trouvait pas d'avocat qui voulut le défendre, le seigneur était obligé de lui en nommer deux d'office qui devaient être payés par la communauté (3).

Les notaires ne pouvaient entrer en charge qu'après avoir été examinés par le conseil de la cité qui s'assurait de leur aptitude et de leur possession d'état d'enfant légitime issus d'un mariage légal. Il devait prendre des

---

(1) Item ly predict seignor ni alcung de lours coumpagnous nou deuon prenné alcun fait ni alcuna autra cauza d'alcuns ciutadans de Laytora, sens sa vollentat; et si ac fazian, les seignors sount tengutz d'émendar eldict ciutadan dela tailla, et damnaitgé esgard del counseil et dels autres prudhommes (Cout. de Lom. art. 32).

(2) Item tout homme que avocara et rasonnera dauant lous bayles ou dauant lou conseilh de Laytoura sera tengut de jurar al commencement del plait que bé loyalement accounseihera la sua partida et que vertat et leyaltat dira et mettra à soun sen et à soun escient sens messonga et sens faucetat : si secret auria augit de sa partida, secret ou diu tenir et non diu accounsoilhar lautra partida (Cout. de Lom., art. 12).

(3) Si alcun ciutadan de Laytoura avia plait dauan lours seignors de la dita ciutat dauan alcun et nou podia trouvar captenq o advocat, lour seignor lou deu donnar deux advocatz qui uzan en la court de ly ciutada deu pagnar aquel advocat rasonnablement à lesgal dels seignous. (Cout. de Lom., art. 49).

renseignements sur leur probité et leur bonnes vie et mœurs : ces formalités remplies, le candidat était présenté à la communauté et aux baillis qui alors devaient les admettre et les nommer (1).

A ces seules formalités qui accompagnent la nomination de ses magistrats, aux précautions qu'elle prend, aux conditions qu'elle impose avant de sanctionner le mandat des gens du Seigneur, on voit que la communauté Lectouroise subit déjà l'influence salutaire des idées libérales de l'époque.

Les communes venaient de soutenir une longue lutte contre la féodalité ; elles l'avaient sinon vaincue du moins fortement contrariée dans ses goûts de prépondérance souveraine, en l'obligeant, sous peine de mort, à s'attacher à la cité, à s'identifier avec elle, à souhaiter même son existence, sa reconnaissance dans le monde politique.

Les communes marchaient donc à grands pas vers un affranchissement général, ce qui a fait dire à un spirituel écrivain *qu'après avoir été couverte d'insurrections, la France se couvrit de chartes;* et quelles chartes !.......
Voyez seulement à Lectoure quelle digue imposante, élevée contre les velléités d'empiètement de la part des seigneurs, par la création spontanée des consuls, des jurats, des chambres de prud'hommes, des conseils communaux, presque tous investis de pouvoirs judiciaires, composés, comme disent les Assises de Jérusalem, *de*

---

(1) Ly notary que soun créats en la ciutat de Laytoura deun esser examinats et serquax per lou conseilh del meys loc, si soun de léal matrimoni et soun personnas de bona fama ny soun sufficiens à lour officy et si aco trouvan deun esser présentats al communal et après als baïles et ly baïle à la requeste del counseilh tab lou meyer conseilhs deuon lous ades recepré. (art. 67).

bourgeois les plus loyaux et les plus sages, et tout cela organisé par la cité elle-même, et combiné de manière à contre-balancer le principe seigneurial, à mettre les pouvoirs rivaux en harmonie, en parfait équilibre, comme condition de durée, comme garantie d'avenir!...

DROITS DIVERS.
Parcours, vaine Pâture.

Comme particuliers ou communistes, les Lectourois stipulèrent dans les premiers articles de leurs coutumes divers droits, dont le premier est immense sur les propriétés seigneuriales : c'était celui *de parcours et de vaine pâture* dans l'acception la plus étendue. Il s'exerçait sur tous les biens du Seigneur; sur les landes, marais, pâtis et bruyères, comme sur les chemins, vignes, prés, bois et guéret : le bois, l'herbe, les eaux, le feuillage, tout était mis sans ménagement à contribution, et ce qu'il y a de plus extraordinaire, c'est que les usagers n'étaient pas astreints à l'observation de certaines époques de l'année, et qu'ils n'étaient pas plus tenus d'abandonner les terres pendant les semailles et la fauchaison, qu'au temps des vendanges et de la glandée; seulement le Seigneur se réservait d'y apporter quelques modifications, qui étaient plutôt révérentielles à son égard que restrictives des droits des habitans : par exemple, nul ne pouvait, sans sa permission, y établir de châlets n'y y élever de cabanes pour préserver ses bestiaux de l'intempérie des saisons (1).

---

(1) Item l'y predict ciutada d'en ouer tailh, et aigna, et foucilha, et erba per l'or et per tout sos bestiars per tota la terra dels predicts seignors, exceptat que nou deu tenir cabana de bestiars en la terra del seignor viscomté sens voulentat de lieu. (Cout. de Lom. art. 1.)

Il paraît toutefois qu'ils éprouvèrent quelques difficultés relativement à leurs droits d'usage dans la forêt du Ramier, puisque le roi d'Angleterre vint solliciter pour eux, comme nous l'avons vu à la note 1re de la page 46; en écrivant au roi de France en faveur de ses fidèles Lectourois, en procès avec le sénéchal de Toulouse, à l'occasion de l'exercice de leurs droits, *super foresta quæ vocatur Laramar*; mais ce droit ne leur était pas contesté par le Seigneur.

C'était le sénéchal de Toulouse qui s'y opposait; et comme cette magistrature avait plus à cœur les intérêts du Roi que ceux des Seigneurs, nous devons en induire que cette forêt était plutôt un fief de la couronne qu'une dépendance de propriété seigneuriale (1).

Sel.

L'impôt sur le sel était une ressource pour le revenu public; on avait établi des entrepôts dans certaines villes qui en avaient seules le monopole; les consommateurs comme les détaillans étaient obligés d'aller l'y chercher et d'y payer un droit qui paraissait de deux natures, d'après ces dernières expressions *sel gabellé, sel d'impôt*: cependant cet impôt n'était pas général; il pesait inégalement sur les différentes parties de la France; quelques

---

(1) Du reste, le Ramier fesait encore naguère partie du domaine de l'Etat, et depuis qu'il est devenu propriété privée par suite de la vente qui en a été faite par le gouvernement, il est exploité au profit d'une industrie nouvelle qui fournira à la contrée des produits nouveaux, qu'elle allait demander aux autres départemens.

Bonaparte n'avait jamais voulu l'aliéner, même en faveur du maréchal Lannes qui lui proposait une échange avec d'autres propriétés qu'il avait dans le Nord : *Les forêts sont les diamans de la Couronne*, dit-il. (Communiqué par le général Subervic, ancien aide-de-camp du maréchal Lannes.)

provinces en étaient affranchies. Il semble que la ville de Lectoure en fut totalement exemptée, et que ses habitans ne payaient pas même le droit d'entrée, établi dans d'autres villes par leurs Seigneurs respectifs (1).

Fouage.

Généralement, les Seigneurs prenaient un droit de péage sur ceux qui, assujétis à cuire leur pain à leur four banal, demandaient la permission de cuire dans leurs propres maisons : c'était ce qu'on appelait le droit de *fournage ou fouage*; *fumarium tributum*. A Lectoure il n'en était pas de même; chacun pouvait impunément faire son pain chez soi pour les besoins du ménage; il lui était même permis de prêter son four à ses voisins, à ses amis; mais pourvu que ce fût gratuitement : s'il en retirait un bénéfice quelconque, s'il établissait sur son four une taxe, un salaire, c'était le rendre banal, c'était se livrer à une industrie, et dès-lors le Seigneur avait un droit de péage à percevoir : ce droit était de soixante-cinq sous de Morlas (2).

Monnaie.

Reste à savoir ce qu'était cette monnaie de Morlas; car nous la retrouvons à chaque page dans la coutume

---

(1) Item es coustuma et franqueza en la ciutat de Laytoura qué tout habitant dela dicta ciutat et de sas appartenenças pot crompar sal en tout loc o a lui playra..... et pourra vendre et cambiar et far sas vollentat. alcuns establiment de princip nou countrastan. (Cout. de Lom. art. 21.)

(2) Item quascun dels habitans de la ciutat pot far four en son ostal ob de cozé son propy pa; et pot prestar à son bezin o à d'autre, sullomen que lougnês ou mandaige nou preigna; s'en prenia lougnés ou managé, sia tenguts de pagar als seignours soixante-cinq sols de morles de péatgé. (Cout. de Lom, art. 25),

et dans les actes. Il paraît que c'était la seule monnaie en usage à Lectoure : on s'en servait pour toute sorte de transactions commerciales : les décisions judiciaires portant condamnation à des amendes pour peines criminelles ou réparations civiles, en ordonnaient le paiement en monnaie de Morlas.

Depuis la formation de la monarchie, les corporations religieuses et les Seigneurs avaient obtenu ou s'étaient arrogé le droit de battre monnaie; mais dans le Béarn ce droit remontait à une époque bien plus éloignée. Lorsque les Romains vinrent conquérir les Gaules, ils furent fort étonnés d'y trouver des objet de luxe qui annonçaient presque une civilisation avancée sous le rapport des objets d'art; ils reconnurent bientôt que les naturels du pays trouvaient dans les flancs des montagnes des Pyrénées les matières premières propres à la fabrication; ils fouillèrent eux-mêmes, et découvrirent des mines assez abondantes d'or, d'argent et de cuivre. Disposés à tirer parti de tout, ils les exploitèrent utilement en créant des établissements dans plusieurs villes de la Novempopulanie, et ce fut alors que se multiplièrent dans les Gaules ces monnaies et médailles romaines que l'on déterre tous les jours dans nos contrées.

Les Goths conservèrent ces établissemens, et la monnaie fabriquée à Morlas, alors capitale du Béarn, fut tellement reconnue de bon aloi, que d'après une ordonnance de Théodoric II, *les remboursemens considérables ne pouvaient se faire qu'en monnaie de Morlas.*

A l'époque où le système monétaire eut besoin d'une réforme en France, car sous Hugues-Capet on comptait jusqu'à 150 espèces différentes de monnaie, à l'époque, de la création, disons-nous, des seules monnaies uniformes,

(le tournois et le parisis), la monnaie de Morlas avait beaucoup plus de valeur que les autres. Si l'on en croit Marca, le sou de Morlas valait trois sous tournois ; et nous lisons dans le Recueil des Arrêts du Parlement de Toulouse, publié en 1682, par Laroche-Flavin « que » par titres anciens du pays d'Armaignac et sentences du » Sénéchal de Lectore, il fut reconu, en la chambre, » que le sol de Morlas valait deux sols six deniers tour- » nois. » Or, comparé à notre monnaie actuelle, le sou tournois représenterait à peu près quatre centimes, et celui de Morlas douze. Donc, les soixante-cinq sous qu'on était obligé de payer en établissant un four banal, équivaudraient approximativement à la somme de huit francs d'aujourd'hui.

Cependant un auteur moderne prétend que le sou de Morlas avait une plus grande valeur, et qu'il serait l'équivalent à notre époque, de huit francs deux centimes ; car il a calculé que soixante sous Morlas représenteraient quatre cent quatre-vingt-cinq francs.

Nous inclinons à le croire aussi, parce que nous verrons plus loin que des crimes assez graves se rachetaient par une amende pécuniaire dont le minimum et le maximum variaient depuis cinq, jusqu'à cent quarante sous de Morlas. En adoptant cette dernière version, nous trouvons un rapport plus raisonnable entre la pénalité et le crime.

Ils avaient encore une autre monnaie appelée le *Chapoutés;* les coutumes en font mention. Aux objets de peu de valeur auxquels elle s'appliquait, ce devait être une fraction du sou Morlas, mais nous ne pouvons savoir dans quelle proportion.

Chacun pouvait disposer de son bien comme il l'entendait, et en faveur de qui il voulait comme conséquence nécessaire des franchises allodiales dont le principe était posé dans le paréage de 1294.

Il lui était loisible d'établir des jours et ouvrir des croisées sur la voie publique, mais à la charge de coopérer à la réparation des murs de la ville, espèce de prestation en nature peu onéreuse, puisqu'il y allait de l'intérêt de tous.

Entr'autres priviléges dont jouissaient les bourgeois de Lectoure, on peut citer : pour les marchands, la faculté d'étaler gratis en place publique; pour les propriétaires, celle de faire entrer et d'abattre impunément les animaux nécessaires aux besoins du ménage : toutefois ceux qui en fesaient métier et profession étaient tenus pour cette industrie, de payer au roi, au vicomte et à l'évêque un droit unique fixé à un denier Morlas par bœuf et vache : les autres viandes subissaient une réduction proportionnée.

Enfin tous jouissaient d'une espèce *d'habeas-corpus* inconnue probablement des autres localités environnantes C'était le privilége de ne pouvoir être arbitrairement expulsé de la ville sans être préalablement mis en demeure de donner satisfaction : celui en outre d'en être cru sur parole quand il s'agissait de fraude et de contrebande à l'endroit des péages établis antérieurement. Enfin de ne pouvoir être poursuivis judiciairement par le Seigneur, sans l'autorisation du conseil communal qui examinait, avec une sollicitude toute paternelle, la moralité des faits imputés, et épluchait soigneusement la portée des preuves offertes (1).

Droits et revenus des Seigneurs.

Dans la nomenclature des revenus annuels du Seigneur, on remarque un impôt établi sur chaque maison. Le

---

(1) Coutume de Lom., art. 4, 27, 30. 31, 37 et 44.

seul quartier de la grande-rue ou de Guilhem-Bertrand, comme l'appellent les obituaires, en était exempté par un privilége dont on n'aperçoit pas le motif.

Une imposition frappait aussi les terrains qui avoisinaient et fesaient dependance de ces habitations : c'était un denier Morlas par escat (1).

Le roi, le vicomte et l'évêque percevaient en outre un droit sur le débit de la viande de boucherie : le tarif était fixé à un denier Morlas par bœuf ou vache ; les porcs ou truies payaient ce qu'on appelait *un chapoutés* par tête ; les autres viandes inférieures en qualité, absolument rien (2).

Mais un bénéfice tout particulier était prélevé en nature dans certains jours de l'année, par le chapitre de St-Gervais ; c'était les dépouilles des animaux abattus, vendus et distribués le dimanche d'avant et celui d'après la fête de St-Michel de septembre ; c'est-à-dire les peaux, les soies, les cornes, voire même celles des pieds (3).

Cas de guerre. — Prise d'armes.

Si le Seigneur était en contestation avec quelqu'un de ses voisins, il ne pouvait forcer les bourgeois de Lec-

---

(1) Item lou seignor de ladita ciutat deu auer de casque mayson, la carrera major exceptat, etc., etc., etc..,... un diné morlas per cada escat de terra (art. 26, Cout. de Lom.)

(2) Item lous seignors de Leytoura so es à saber lou rey, lou viscomté et l'avesqué deuon auer de casqun mazéré (boucher) de Laytoura un diné morlas per cada boueu et per cada baqua qué seran bendux per els dits mazérés ; et de porcq et de trouga *un chapoutés* ; et d'autra car nou deuon re dounar lousdits mazérés (Art. 42, Cout. de Lom.)

(3) Item lou Capitoul de Sanct Geruazy deu aouer lou dimenché dau an la Sanct Miqueu de septembré et lou dimenché après ladita festa totas las poailhes des porcqs et de las trougas et la carta part dels pieis dels boueus et de las vacquas que seran vendux per els prédicts mazérés en aquel duos dias. (Art. 43, Cout. de Lom.)

toure à le suivre et à se ranger sous sa bannière, avant d'en avoir référé au conseil de la commune.

Celui-ci convoquait tous ses membres en assemblée générale, examinait l'affaire et la discutait solennellement. Si elle lui paraissait grave, il prenait l'initiative de mesures amiables avant d'en venir à des démonstrations violentes. A cet effet, trois sommations, à huit jours d'intervalle chaque, étaient faites publiquement et dans les formes accoutumées, à la partie adverse pour qu'elle eût ou à prendre condamnation ou à recevoir satisfaction, selon qu'elle avait raison ou tort. Dans le cas où elle paraissait disposée à écouter des propositions ou en faire elle-même d'acceptables, il n'y avait pas nécessité de se battre, le *casus fœderis* n'était pas arrivé et le conseil déliait les bourgeois de toute obligation à l'égard de leur Seigneur.

Si, au contraire, l'adversaire voulait absolument la guerre, alors la garde bourgeoise était armée, équipée, pourvue de vivres; en un mot mise sur-le-champ en état d'entrer en campagne pour aider le Seigneur à reprendre ses droits ou à les défendre contre son ennemi. Cependant l'expédition devait être terminée dans la journée; il ne pouvait les retenir plus long-temps sous ses drapeaux; car les bourgeois supportaient eux-même les frais, les dépenses de cette première marche : si tout n'était pas fini, s'il les gardait le lendemain et jours suivans, il était obligé d'abord de les indemniser des premières dépenses et s'engageait en outre à les garantir de toutes peines, de tous dommages qui pourraient être la conséquence de cette levée de boucliers. Pareil engagement était renouvelé deux autres fois dans l'année. — Et réciproquement le Seigneur était aux ordres de la communauté quand elle se trouvait dans la nécessité de guerroyer, soit pour défendre, soit pour reprendre ses droits ; il devait, à la première réquisition, arriver prêt à combattre avec ses gens d'armes.

Ce fut dans des circonstances pareilles que, menacée par de nombreux ennemis et ayant le sentiment de son infériorité, elle appela le vicomte de Lomagne à son secours (1).

Dans ces temps de troubles, de guerres intestines, lorsque chaque ville ne pouvait compter à peu près que sur ses propres forces à moins de payer des champions au dépens de quelques-unes de ses libertés ou d'acheter assez cher le patronage de quelque haut et puissant seigneur aux dépens de son bien-être et de ses revenus, il fallait, dis-je, que chaque citoyen fût préparé à toutes les éventualités de la guerre. Il y allait de sa fortune, de sa liberté, de son existence même ; car ces luttes étaient acharnées et meurtrières. Les bourgeois formaient donc une garde civique dont la garde nationale actuelle peut donner une idée. — Comme la loi de 1831, la coutume de Lomagne avait pourvu à l'organisation de cette institution par une disposition expresse. Elle portait « que
» tout individu propriétaire d'un champ, d'une maison,
» chaque censitaire en un mot, devait être muni d'un
» bouclier, d'une lance, d'une épée, d'un poignard : il
» devait les tenir en état de service, de manière à pou-
» voir s'en armer à la première réquisition des Seigneurs,
» pour la garde et la défense de la cité (2). »

(1) Cout. de Lomagne, art. 15 et 16, et délibération de la commune, le 9 novembre 1788.

(2) Tout hommé que maysoun, cap et cazalera aura, deu tenir escut, lansa et espaza et corta-punta ; lasquales armas deu auer et tenir à la requesta des prédicts seignors per gardar la dicta ciutat. (Cout. de Lom. art. 26 in fine).

Maintenant nous examinerons plus particulièrement quelques dispositions relatives à leur droit civil ou privé.

Succession, Donation. — *Contrac de mariage.*

Comme la législation actuelle, la coutume de Lomagne reconnaissait deux *ordres* de succession : le régulier, l'irrégulier ; trois *sortes* de succession : celle des descendants, des ascendants ; enfin les successions dévolues aux parents collatéraux.

Fidèle aux idées de l'époque, nous découvrons dans son économie un esprit systématique, une tendance ennemie de tout morcellement, de toute division d'héritage.

Les enfants ou descendants étaient appelés à l'exclusion de tous autres parents, à recueillir l'entier émolument de la succession de leurs père et mère : et par enfants elle entendait ceux légitimes, issus d'un mariage légal. Les enfants naturels reconnus ou non, en étaient brutalement écartés.

Si le père et la mère décédaient sans postérité et *intestat*, les plus proches parents étaient seuls appelés ; mais par une particularité toute remarquable la coutume préférait ceux de la ligne d'où les biens étaient advenus. S'il n'y en avait pas, c'étaient les plus proches parents pris indistinctement parmi les membres de la famille qui recueillaient la succesison (1).

Au contraire dans l'espèce on pouvait déshériter les ascendants ou collatéraux, en faisant des dispositions entre-vifs ou par testament ; mais par une faveur due à leur degré de parenté, la coutume leur réservait une

---

(1) Et si mor sens testement lous bés d'aquel deuon esser als plus prop parents so es à saber ad aquels d'oun ledit bé seran bengux en de fauta ad aquels autres plus proch des parens. (Art. 15, Cout. de Lom.)

part dans la succession : c'était le quart des biens ; elle en faisait une réserve inaliénable par le testateur lui-même, de quelque manière qu'il eût cherché à les en priver. Toutefois cette réserve n'était prenable que sur les biens dits *patrimoniaux*, c'est-à-dire qui lui étaient advenus du chef paternel, maternel, ou du chef d'autres parents. Quant aux biens qui lui étaient advenus par un événement quelconque, ou qu'il se serait procurés avec le profit de ses économies, il pouvait en disposer à ses grés et volontés.

La conséquence de tout ceci c'est que la quotité disponible dans ce cas était des trois quarts ou de la totalité selon l'origine et la manière dont les biens étaient passés sur la tête du testateur. (1)

Nous sommes étonnés au premier abord de trouver chez les Lectourois le droit d'aînesse entièrement respecté : cela paraît un anachronisme en regard de leurs idées de progrès, de leurs principes d'égalité ; mais quelques prévenus qu'ils fussent contre toute domination par trop absolue, ne pouvaient-ils pas être persuadés que le maintien des grosses fortunes, que la tradition des noms n'étaient pas des institutions incompatibles avec un état paisible, tranquille, avec un ordre de choses rassurant pour tous ?

Il résulte en effet des dispositions de la coutume que le père pouvait laisser à ses enfants ou à l'un de ses enfants

---

(1) Item si alcun ciutadan o alcuna desanaua ses filhs o sas filhas et que nou laises heyrets de légal matrimony noun pot ordonnar ni far testomen ni codicillé ni per alcuna disposition que fassa que nou sia tengut de leysar des bés que sian abengux de son pay o de sa mar o de qualques autres parents, la quarta part alimens als plus prop des parens que aura ascendens ou quollatrals so es saber dels bés aquels parens qué seran d'aquela partida oun ledicts bés seran bengux. (Coutume de Lom., art. 55.)

mâles une part hors de proportion avec la valeur des biens, et ce au détriment des filles qui, une fois dotées comme le père l'entendait, n'avaient plus rien à voir dans la succession (1).

Toutefois elles recueillaient l'entière hérédité, si leur père décédait sans enfants, ou bien si en ayant eu il les avait perdus à l'époque de sa mort (2).

Toujours animés du même esprit de conservation les rédacteurs de la coutume avaient prévu le cas où les biens seraient menacés de sortir de la famille ; aussi s'étaient-ils étudiés à rechercher les moyens de les y rattacher le plus possible.

Cette préoccupation pouvait trouver son excuse dans la conviction qu'ils avaient de rencontrer plus de garanties d'avenir dans l'affermissement, dans la consolidation de la grande propriété que dans son morcellement.

Alors pour prévenir le cas où les biens d'une succession pourraient tomber entre les mains d'acquéreurs qui les auraient revendus depuis, on déclara que l'héritier immédiat, c'est-à-dire le fils ou la fille, pourrait, par une espèce de *retrait successoral*, écarter tout acquéreur et l'obliger à restituer francs et quittes de toutes charges et hypothèques les biens dont il aurait pu croire être devenu propriétaire incommutable, et ce moyennant remboursement du prix.

Pour ne pas les surprendre, la coutume établissait que

---

(1) Item alcuna fenna o alcuna mouilher des pés qué lou payré l'aura maridada nou pot demandar ré dels bés de la dita hereditat del dit soun pay oultré sou dot quel aura dounat ou proumés..... (Art. 28, Coutume de Lomagne.)

(2) Si nou que ac fazia per razoun detournaria so es à saber si [el] dit soun pay et ly altre filh ou filha del meys pay eran morts.... (Art. 28, Cout. de Lom.)

les biens d'une succession étaient à l'égard des successibles propres à exercer ce droit de retrait, inaliénables, imprescriptibles, insusceptibles d'hypothèques ou d'assujettissement à une servitude quelconque.

Les biens rentraient donc entre les mains des appelés aussi francs, aussi libres que si le père les leur eût laissés par testament ou donnés par acte entre-vifs et à cause de mort (1).

Pareille disposition était écrite dans l'article 52 à l'égard des droits des enfants, sur les biens de leur mère ; ils avaient le droit d'exercer le retrait sur les biens immobiliers ou sur les créances ou l'usufruit qu'elle aurait cédés, et leurs descendants avaient le même droit (2).

Revenant à l'institution de l'héritier préciputaire nous ajouterons, quant aux biens de la mère que, si en mariant sa fille elle lui constituait une dot de ses propres deniers, pour elle comme pour le père, la fille était sans droit pour demander un supplément de dot fondé sur l'excessive valeur de biens laissés comparativement au chiffre de la dot constituée (3).

Stipulations Matrimoniales.

Les futurs époux pouvait stipuler en leur faveur des donations mutuelles dans leur contrat de mariage ; elles étaient

---

(1) Si no qué las cauzas de lor fossan alienadas per lor o per altruy; en quel cas pot aquelas cauzas vendedas retenir per *ras un de tournaria* (retrait successoral et lignager) per semblant prex que l'autré dounat aura et asso surtout francs oquel meys pays l'aguessa fauta héréteira o certa cauza laissada o donnada en cauza de mort fauta entre vieus. (Art. 28. Cout. de Lom.)

(2) Item si alcun cuitadan de Layjoura avia croumpat alcuna honour ou possesion et après era vendida, la tournaria (le retrait) d'aquelas cauzas aregarda als filhs et a las filhas d'aquella ou lours successours per dreita ligna descendutz. (Art. 52 Cout. de Lom.)

(3) Entendut si la may l'auria maridada de sous bés : qué aquy sa filha

faites sous la condition de survie et paraissaient restreintes à de simples jouissances puisqu'à la mort du donataire survivant, les biens rentraient dans la famille du donateur prédécédé (1).

Inutile d'expliquer que c'était dans le cas où il n'y avait pas d'enfants de ce mariage; car s'il en avait existé, les biens eussent naturellement passé en propriété sur leur tête et l'époux survivant aurait joui de l'usufruit comme tuteur légal. Ce principe de dévolution en ligne directe, à l'exclusion de tout autre est reconnu plus haut. Il est d'ailleurs fondé sur le droit naturel.

La coutume divisait les biens de la femme en dotaux et paraphernaux. Le régime dotal n'était pas aussi absolu que celui des Romains ou le nôtre, si l'on en juge par la disposition suivante, qui autorise l'aliénation des biens selon la volonté ou le simple caprice des époux: en effet il y est écrit:

« Que la femme ne peut, *existentibus liberis*, disposer
» de ses biens dotaux par testament ou de toute autre
» manière, sans l'autorisation de son mari ; mais qu'elle
» a cette faculté à l'égard des biens paraphernaux, seule
» sans autorisation » (2). Si la dot apportée par la femme consistait en argent ou créances, et que celle-ci vint à

---

ny sous successours nou podoum demanda re plus, si no pes razoun de tournaria en dels predicts cas segount que dict es. (Art. 28, Cout. de Lom.)

(1) Item si lou marit et la mouilher s'an dounat alcuna cauza entre lours *per razoun d'espozarissy* (en faveur et satisfaction du mariage) en temps del matrimony..... aquel qué saubré mey deu tenir la dita cauza ayssy donnada per nom qué dessus et a prop sa fin deu tournar als plus props dels parents d'aquel que espouzarissy aura dounat. (Art. 58 de la Cout. de Lom.)

(2) Item alcuna mouilher maridada non pot far testament de las cauzas doutales se a efants de son marit, si non ac fazia del vollentat del meyer

décéder sans avoir fait des dispositions, le mari profitait d'une espèce d'augment dont le chiffre était proportionné à la durée de mariage ; ainsi :

« Si la femme mourait dans l'année, le mari avait le
» tiers de la dot ; si c'était après deux ans révolus, il
» profitait des deux tiers ; enfin il recueillait l'entier
» émolument si le mariage avait duré trois ans (1). »

Le parlement de Toulouse avait bien reconnu ce principe de jouissance en faveur du mari quand il appliquait la coutume de Lomagne : le mari ne gagnait selon lui, par le prédécès de la femme que la jouissance de la dot sous la déduction des légitimes ; et il ne fesait pas de distinction sur le plus ou moins de temps que le mari restait avec sa femme.

Une telle progression ne peut s'expliquer que par le besoin qu'avait le legislateur de remunérer le mari en raison des soins qu'il aurait apportés à l'administration du ménage et des égards qu'il aurait eus envers sa femme et ses enfans. Quoique les sentimens d'affection paternelle soient assez enracinés dans le cœur humain, les rédacteurs de la coutume avaient cru trouver plus de garanties en mettant en jeu le principe d'intérêt personnel.

Au décès du mari, plusieurs cas étaient prévus dans l'intérêt de l'épouse survivante. Ils étaient réglés selon

---

marit ; Empero (cependant) si abia alcuns autres bes panaphrenals ou que l'y foussan bengux per escagensa, d'aquels pot far sa vollentat. (Art. 50 de la Cout. de Lom.)

(1) Item si alcuna mouilher avia donat per nom de soun dot à son marit dinés, o honors, (créances) per nom de dinés, si la mouilher mort lou premier an, ^{e} la tersa partida d'aquel dot deu esser del marit ; et si mort acabax deux ans, las duas pars deun esser del marit ; et si mor accomplit très ans, tout lou dot entié deu esser del marit..... (Art. 50 de la Cout. de Lom.).

qu'il laissait des enfants ou non, selon qu'il avait fait des dispositions ou qu'il fût mort *intestat*.

S'il décédait sans tester et sans laisser d'enfants du mariage, la femme reprenait purement et simplement ses apports dotaux francs et libres; les parens du mari profitaient seuls de sa succession.

Mais si elle était grosse elle avait en outre le droit de demeurer sur les biens du défunt pour s'y entretenir convenablement jusqu'après sa délivrance : toutefois le simple droit d'usage devait se convertir après en un droit d'usufruit à raison de sa tutelle légale.

Il pouvait arriver qu'afin de se maintenir en possession, la femme fît une fausse déclaration de grossesse. Alors elle était obligée d'indemniser les héritiers du mari et rendre compte des fruits et revenus qu'elle avait touchés. La cause était portée au jugement de la cour de la communauté ou à l'arbitrage de la chambre des prud'hommes. (1)

Enfin, libre au mari de faire des dispositions *in extremis* en faveur de sa femme (2). — Les époux avaient pu valablement stipuler des gains de survie dans leur contrat de mariage ; c'est ce qu'on appelait l'*augment* de dot, ou gain nuptial que la femme prenait sur les biens du mari prédécédé en récompense et en proportion de sa dot. En cas de survivance le mari en profitait de son côté.

Dans le territoire de Lectoure et des pays de Lomagne l'augment était-il conventionnel ou coutumier ? était-

---

(1) (Art. 59, de la Cout. de Lom.)

(2) Item la mouilher non pot demandar ré els bés de soun marit, sauf soun dot qué pourtat l'aura, si no qué lou marit bouilha dar en sa darrera vollentat. (Art. 59 de la Cout. de Lom.).

il acquis de droit ou fallait-il une stipulation expresse? Enfin quelle était sa quotité ? sur quelles bases l'établissait-on ?

A cela nous répondons qu'il n'est pas dit un seul mot de l'*augment* dans la charte que nous traduisons; mais nous expliquons cette lacune par des exemples fréquens d'omissions pareilles toutes les fois que la coutume renvoyait aux usages des lieux; et il y en avait de particuliers à beaucoup de localités quoique dépendantes de la vicomté de Lomagne.

A défaut de titre original nous possédons des documens qui règlent la matière.

Deux arrêts du parlement de Toulouse reconnaissaient le principe de l'*augment de dot* d'après la coutume de Lomagne et régularisaient sa quotité.

L'un de ces arrêts est du 8 août 1679. Il fut rendu dans la contestation entre deux habitans de Lectoure, le seigneurs de Castelnau et la dame de Combarrau. L'autre est à la date du 8 mars 1687, dans le procès intenté par la dame veuve de Gavarret aux héritiers de la dame de Petit.

Suivant cette décision du parlement d'où ressortait la juridiction de Lectoure, la coutume de Lomagne était : — « que le futur gagnait la jouissance de l'entière » constitution et la future la jouissance d'un tiers pareil » à celui de sa dot. »

Nous avons découvert un commentaire sur cette disposition. Il se trouve dans un livre manuscrit en forme de répertoire de jurisprudence et qui appartenait à un ancien magistrat du présidial, peut-être même du sénéchal de Lectoure. (1).

---

(1) Monsieur Boubée.

« Suivant la coutume de Lomagne, disait-il, la fem-
» me *non existentibus liberis* ne gagne l'augment qu'en
» usufruit ; et quand il y a des enfants, elle gagne en
» propriété ledit augment qu'elle est tenue néanmoins de
» réserver pour ses enfants à l'exception de la virile qui se
» règle eu égard au nombre des enfants qu'elle laisse à
» son décès, et dont elle peut disposer, pourvu qu'elle en
» dispose expressément. »

Ainsi la portion virile était la quotité disponible dont la femme pouvait faire ce que bon lui semblait. Cette quotité était réglée suivant le nombre des enfans. On l'appelait *virile* parce qu'elle était égale à celle qui appartenait à chacun des enfans, suivant la doctrine : « *tunc partes illorum viriles idest æquales*. Enfin à défaut de disposition expresse de la part de la veuve vis-à-vis d'un étranger, la propriété et jouissance de la portion virile ou disponible revenait de droit aux enfants.

Suivant le même commentaire auquel nous ajoutons d'autant plus de foi qu'il émane d'un magistrat du lieu intéressé et censé connaître par conséquent la jurisprudence et le droit qu'il y appliquait,

« L'augment était du tiers de la constitution dotale de
» la femme. Dans le cas de prédécès de celle-ci, le mari
» gagnait la jouissance de la dot sous la déduction des
» légitimes. »

Ainsi la femme prenait sur les biens du mari une jouissance égale à la valeur du tiers de la dot qu'elle avait apportée.

Ainsi le mari devait respecter la légitime des ascendants quand ils héritaient, ou des enfants parvenus à l'âge où la loi leur confiait l'administration personnelle de leurs biens. Mais nous ne savons pas s'il y avait perte de l'augment en cas de convol en secondes noces comme cela était prévu par d'autres coutumes.

Indépendamment de l'opinion des jurisconsultes et des arrêts du parlement nous pouvons, pour légitimer ces précisions, invoquer des jugements qui se rendent tous les jours d'après ces principes par le tribunal de Lectoure et celui d'Auch, quand il s'agit de statuer sur des contrats passés antérieurement au code civil, et dans lesquels on avait stipulé qu'on adoptait la coutume de Lomagne.

Nous avons dit que même dans le pays de Lomagne il y avait des villes qui jouissaient de bénéfices particuliers établis par les usages respectifs qui y étaient en vigueur ; cela est exact : ainsi la ville de Fleurance, qui certes fesait partie du domaine des comtes d'Armagnac, puisque ceux-ci y avaient un château, Fleurance avait sa coutume particulière sur *l'augment*. Le Fezensaguet de même, quoiqu'il en fût aussi primitivement une dépendance jusqu'à ce que Guillaume-Garcias l'eût détaché du comté d'Armagnac, pour créer un apanage en faveur de son fils Frédélon. La vicomté d'Auvillars était régie par la coutume de Lomagne. La petite ville de Monfort, dans le canton de Mauvezin avait ses franchises et ses règles sur les intérêts privés ; en sorte que pour profiter de l'émolument de l'augment, il fallait qu'on eût adopté dans le contrat de mariage telle coutume qui accordait tel bénéfice. On n'était pas astreint à être régi *invito* par la coutume locale. Contrairement au principe *locus regit actum*, on pouvait se soumettre à la loi d'une autre localité ; adopter par exemple à Fleurance les dispositions de la coutume de Lomagne relatives à l'augment ; à Lectoure, celles de Fezensaguet, et dans ce dernier pays se soumettre au régime qui était en vigueur à Toulouse et à Rivière-Verdun. (1)

---

(1) Nous avons mis en regard aux pièces justificatives les diverses

Contributions aux Dettes.

En général le mari n'était pas tenu de contribuer au payement des dettes particulières de sa femme : point de solidarité entre eux. Cependant il y avait une exception : c'était lorsque la femme avait entrepris une branche de commerce et que les dettes avaient été contractées avec l'autorisation du mari et dans un but d'intérêt commun (1).

C'était rendre le mari responsable de son autorisation; et il y avait justice; car, étant chef de la communauté, il était intéressé par là à bien peser les raisons propres à lui faire prendre une détermination éclairée avant de permettre que sa femme n'engageât sa dot dans des spéculations mercantiles.

Frais funéraires.

Contrairement à la maxime *impensa funeris æs alienum dotis est*, et à ce principe de nos lois modernes que le mari *ne doit supporter* que les charges *du mariage* et que ces charges finissent au jour du décès de sa femme, la coutume de Lomagne voulait que les frais funéraires de la femme fussent payés par le mari et sur ses biens personnels. — Quant à la femme, elle n'était obligée de supporter ces dépenses que lorsque son mari ne laissait pas des biens propres à son décès. (2)

---

dispositions des coutumes sur ce point de droit, persuadés que nous pourrions éviter quelques recherches à messieurs les gens de loi dans les procès régis par les anciens principes.

(1) Item l'ou marit nou es tengut de pagar lous deutés de sa mouilher, si nou qué sa mouilher sia *merquadéra* (marchande) et aiza faut lous dits deutés ab boulentat de soun marit et al proufit del marit. (Art. 55, Cout. de Lom.)

(2) Item lou marit deu sa mouilher defounta sepelir del sos propres de

Des Successions vacantes.

La succession pouvait devenir vacante quand on ne trouvait pas de testament, qu'il n'y avait pas des parents au degré successible ou qu'ils étaient absents; enfin lorsqu'il n'existait pas d'époux survivant. Alors la succession était acquise, non au fisc, comme de nos jours, *fiscus post omnes,* mais au vicomte par droit de deshérence.

Toutefois il était obligé de remplir au préalable certaines formalités indispensables pour légaliser son entrée en possession. Les biens étaient mis sous le séquestre; l'administration en était confiée à l'un des membres de la chambre des prud'hommes, et, si dans l'an et jour personne ne se présentait pour les réclamer, ils passaient définitivement sur la tête du Seigneur. (1)

Il arriva que dans certaines provinces les parlements décidèrent qu'en compensation d'un pareil bénéfice, les Seigneurs devaient à leur tour se charger d'élever et entretenir les enfants nouveaux nés, délaissés ou abandonnés sur leurs terres: on s'était souvenu qu'à l'origine des fiefs, ils les avaient imprudemment réclamés eux-mêmes à titre *d'épaves*; mais nous ne pensons pas qu'à Lectoure ils aient jamais élevé des prétentions si exorbitantes; nous ignorons donc le sort de ces malheureuses victimes du désordre, et de la dépravation des mœurs.

---

marit; et aco meys den far la mouilher al marit, sil marit nou n'avia re de qué pougués esser sepelit. (Art. 39, Cout. de Lom.)

(1) Item si alcun o alcuna ciutadans de Lavtoura desanaoua o moria sens testamen on sens heyrés ou sens alcun parent ou cousy; lo seignor del meys loc deu receve et tenir lours bés en salvagarda en alcung prud'hommé de la ciutat, loqual deu tenir et gardar lours meys bés un an et un dia et si dedins lou cap de lan et de un dia noun ben ou noun apparés alcun o alcuna del parentaigé del défunt, ly predicts bés deun esser eu corps al dicts seignours. (Art. 24, Cout. de Lom.)

Enfin après avoir jeté un coup d'œil sur les principales dispositions de la coutume, qui touchent à leur droit public, à leur organisation administrative et judiciaire, aux règles qui concernent les intérêts civils ou privés, nous terminerons par leur code pénal dont le laconisme étonnerait, si l'on ne réfléchissait qu'un peu d'arbitraire devait nécessairement être abandonné à ceux qui étaient chargés du maintien de l'ordre public, autant que le caractère, les mœurs et les habitudes de l'époque pouvaient le comporter.

Du Meurtre.

Le meurtre était puni de mort; les biens des condamnés confisqués au profit de la communauté et du Seigneur. (1) Le mode de supplice adopté était probablement la décapitation, d'après une note trouvée à la mairie de Lectoure (2).

Le contumax avait un an pour se présenter et faire réformer l'arrêt; passé ce délai, il était frappé de bannissement forcé ses biens; étaient valablement confisqués et irrévocablement acquis au Seigneur et à la communauté (3).

---

(1) Item si alcun homme ou alcuna fenna a auccit (occire) autré non légalement, lou meurtrié deu mourir.... et touts sous bés deun esser en corps à la seignouria et al conseil de Laytoura....
(Art. 64, Cout. de Lom.).

(2) Il y est dit que les magistrats de Fleurance envoyèrent chercher à Lectoure le couteau (*lou Maransan*) pour décapiter une femme du quartier de *Lacaouo* appelé aujourd'hui *la Caouette.*

Ils déposèrent une somme en garantie, et la note porte qu'elle fut retirée et que le couteau fut rendu. — Monluc se sert du terme *Marassau.*

(3) Empero si lou bannit ben dens l'an, es pot défendré del crim....
(Art. 65, Cout. de Lom.)

Homicide ou mort involontaire par suite de coups.

Comme aujourd'hui on reconnaissait dans l'homicide un moindre degré de perversité que dans le meurtre : des circonstances atténuantes pouvaient être révélées dans sa perpétration, et alors le crime se traduisait en coups et blessures qui avaient occasionné la mort sans intention de la donner.

Des peines étaient prononcées sans doute ; mais les réparations civiles paraissaient principalement appaiser la sévérité des juges et faire fléchir les rigueurs de la loi (1).

Excès, coups et blessures.

De même pour le délit de coups et blessures qui n'avait pas eu la mort pour résultat, une simple amende était la punition. Elle pouvait s'élever de cinq jusqu'à cent quarante sous Morlas au profit du Seigneur et de la commune, avec une indemnité pécuniaire pour la victime (2).

Si le coupable n'avait pas de quoi payer, il allait passer en prison le temps jugé suffisant pour expier sa peine (3).

A l'angle nord-est du rempart qui protége le quartier de Peyrisse aujourd'hui Pégnin, on aperçoit un

---

(1) Item quand alcun homme o alcuna fenna faria plaga, o mors... si s'en fux, seran prés tous bés et feit inventary et meis en salvagarda...
(Art. 67, Cout. de Lom.)

(2) Si alcun ciutadan feria autré... Lou ferens deu pagar à la Seignouria, cinq sos, soixante, cent-vingt, cent-quarante sos Morlas, etc., etc.
(Art. 62-63, de la Cout. de Lom.)

(3)... Et si bés nou avia, lou ferens que deu esser meys el fonds de la tour et qui estat en tant trop qué bé aiga croumpat lous excès que feyt aura...
(Art. 63, Cout. de Lom.)

monument dont la construction indique assez sa destination première c'est-à-dire un point de défense. On l'appelle encore aujourd'hui *la Tour du Bourreau :* il est possible qu'elle ait servi de prison de ville, ou que les condamnations capitales y reçussent leur exécution.

Incendie. — Destruction de récoltes.

L'incendie des maisons et bâtiments ruraux, ainsi que la destruction des récoltes ou productions utiles de la terre, étaient punies d'une amende dont la coutume ne nous fait pas connaître le chiffre; il paraît que chaque localité avait son tarif particulier dans l'échelle des peines (1).

Adultère.

Le crime d'adultère ne pouvait être poursuivi que sur la plainte de l'époux outragé.

Il fallait au moins deux témoins irréprochables pour la constatation de ce crime; et la cour devait, sur la réquisition du Baïle, se transporter sur les lieux pour instruire l'affaire et prononcer la sentence (2).

Faux poids et fausses mesures.

Celui qui était trouvé nanti de faux poids et fausses

---

(1) Item sy hommé ardé maysoun ou borda o cabana, vigna o vergué, ardea blat et estestissament... sia *esmendat* coum en la terra es constumat... (Art. 66, Cout. de Lom.)

(2) Item lou prédict seignor nou deu prener (poursuivre) alcun o alcuna ciutadana de Laytoura per adultery sens clamour (plainte) del marit ou de mouilher; et tals clamours et deu esser fauta ab-cort et si alcuns ou alcuna era près loudit adultery deu esser prouvat per duas personnas dignas de fé ou per plus, et deu esser jutgat per la cour del meys loc, lequal court ly baïllé deuon menar et establir al loc oun lou dit adultery sera feyt. (Art. 58, Cout. de Lom.)

mesures, était par cela seul, quoiqu'il ne fût pas constaté qu'il en eût fait usage, condamné à une amende de cinq sols de Morlas; les instruments étaient confisqués et mis hors de service.

Le conseil de la commune connaissait de ces sortes de contraventions.

Par mesure de police, il pouvait, conjointement avec le Seigneur, ordonner quand bon lui semblait des visites domiciliaires chez les marchands, et procéder aux vérifications des instruments de mesurage (1).

Telles sont les principales dispositions de ce que nous appellerons la *grande charte de Lectoure*. Son origine explique la longueur de son règne : elle ne fut pas primitivement octroyée d'une manière absolue et arbitraire; mais librement consentie, réciproquement acceptée en 1294, par le vicomte de Lomagne et les habitans de la Seigneurie, après avoir été sans doute contradictoirement débattue; car elle fut alors rédigée par écrit, pour plus de garantie de son inviolabilité et de véracité dans son interprétation; pour plus de régularité et de sécurité dans son exécution.

Nous ne pouvions espérer d'y rencontrer cette maturité de réflexion, cette expérience de nos jours, cet esprit de codification, en un mot, si propre à enfanter un système homogène et complet de législation générale. La civilisation n'était pas assez avancée, les mœurs de l'époque y répugnaient; on en était encore au respect

---

(1) Item ly seignors et counseilh podoun quantas beguadrs (fois) lous layra, falsas mesuras et falsas pés serquar; si ne trouvan à nenguna personna, aquel o aquela deu paguar cinq sols de morlas à la segnouria et al counseilh, et la mesura deu esser trenquada (brisée) els pés eyssomen; et de las ditas causas deu conneisse loudict counseilh.
(Art. 68, Cout. de Lom.)

de la tradition, au culte des idées reçues ; beaucoup était donc laissé a l'arbitraire ; mais à un arbitraire rassurant pour le peuple, car une grande partie de la puissance publique était entre les mains de ses élus.

Quelque defectueux qu'il soit, nous avons cru devoir reproduire ce document dans toute sa simplicité, et nous l'avons fait aussi fidèlement que possible en évitant des répétitions fastidieuses et des particularités insignifiantes. — Son ensemble réfléchit cette vivacité d'instincts libéraux qui caractérisent nos populations méridionales.

Les détails trahissent cette naïveté des premiers âges, qui témoigne en faveur des mœurs de ces temps-là : voyez plutôt à l'article 7 quelle sollitude pour étouffer les procès dès l'origine, en les fesant précéder d'une formule qui peut d'ordinaire amener ce résultat; et quand ils sont devenus indispensables, quelle précaution pour éviter que les formes judiciaires n'offrent un refuge à la chicane, et ne deviennent le rempart de la mauvaise foi ? (1).

---

(1) Item tout homé que demandera (qui actionnera) en la court des baïles de Laytora ou del conseilh juré (doit préalablement jurer) sous lous sancts evangelis al coumençoment del plait, que bouna demanda et légal sara (que sa cause est bonne en droit comme en équité) et certadera (et que la preuve en sera facile).... que falcetat nou adjustera et qua bous testimonis et legales hitraira (hic trahère, présenter); et quaouel platz al mas puisca abrehiara er menara ayci soun dret (qu'il sera aussi clair et aussi bref que possible).

Lou qué deffendra (le défendeur) deu jurar per aquerra meyssa manera que veritat respondra, et autregara totas justas que sia demandada sens ajustoment ni mensonga et que de fugimen ni allonguomen ni delation de jours maliciouzement ni per lou plait alongar nou demandera, si ne aquels dias que saran necessaris tant sollomen en sas deffeusious.

(Art. 7, Cout. de Lom.)

CHAPITRE VII.

Expulsion des Anglais. — 14.ᵐᵉ siècle.

> (Les méridionaux n'aimaient pas les Anglais ; ils les tenaient en grand dépit et villeté).
> (Froissart).

Ce fut sous le comte Jehan 1ᵉʳ d'Armagnac que l'influence anglaise commença à décliner sensiblement en Gascogne.

Soit défaut de tact ou trop de confiance dans leurs propres forces, les Anglais s'étaient relâchés de leurs bonnes habitudes. La conduite qu'ils commençaient à tenir à l'égard des Gascons n'était pas à l'abri de tout reproche; aussi depuis quelques temps des plaintes étaient-elles arrivées aux pieds du trône de France. On parlait de tyrannies, d'exactions commises par le prince de Galles leur chef. En effet dans un moment de mauvaise humeur il avait maladroitement jeté sur les terres *un fouage* de dix sous par maison (1). On ajoutait que les Anglais ne remplissaient pas leurs promesses à l'endroit de l'administration du pays; qu'ils avaient négligé peu à peu d'en rendre un compte exact et fidèle, et s'étaient ainsi soustraits à l'obligation formelle qu'en avaient prise autrefois le comte d'Anjou vis-à-vis de la couronne de France.

Charles V observait toutes ces choses d'un œil attentif. Il connaissait le caractère peu endurant des Gascons ; il

---

(1). Lacabane, manusc. de la Bibl. roy.

prévoyait que les Anglais finiraient par s'user en froissant les habitudes, en contrariant les usages, en heurtant même les préjugés du pays, et comme il n'était pas préparé à la guerre, il s'observait prudemment. Quoiqu'il n'approuvât pas précisément tous leurs griefs d'une manière ostensible, il les accueillait tacitement; au lieu de renvoyer les plaignants, il les retenait à Paris, les choyait, les caressait mais il était loin ; de les exciter contre le chef anglais : « c'était plutôt la faute de ceux » qui l'entouraient, disait-il, et vous mettrons à accord » avec notre très-cher neveu, le prince de Galles qui, » peut-être n'est mie bien conseillé (1). »

Cependant les Anglais continuaient de plus en plus à se rendre ennuyeux, incommodes à vivre; orgueilleusement taciturnes, ils affectaient souvent de rappeler la défaite du roi Jehan, ruminant toujours en eux-mêmes la bataille de Poitiers. C'était un moyen infaillible pour s'aliéner la sympathie des Gascons ; c'était s'exposer à une recrudescence de susceptibilité de leur part; aussi n'en fallut-il pas davantage pour choquer au plus haut point l'orgueil national. Bientôt le mécontentement commença à se manifester de tous côtés; l'esprit d'hostilité était dans les têtes, il ne fallait plus qu'un homme entreprenant, qu'un acte énergique pour faire faire explosion à la mine.

Cet homme se rencontra : Jehan comte d'Armagnac fut un des premiers à se mettre en évidence d'une manière assez compromettante. Il connaissait le courage de ses compatriotes ; il avait compris leurs instincts haineux en présence de l'oppression ; il écrivit au comte d'Albret

---

(1) Froissart, Chron.

pour se mettre en rapport avec lui, et tous deux s'étant concertés, levèrent spontanément l'étendard de la révolte (1).

L'impulsion était donnée, elle devait suivre son cours. L'incendie se propagea bientôt dans toute la Gascogne; et les Anglais ne pouvant tenir tête à l'orage, disputant d'abord pied-à-pied le terrain, finirent par être complétement expulsés.

Toutes les villes qui se rendaient à Charles V en obtenaient la confirmation et l'augmentation de leurs priviléges. On suit les progrès de la conquête de charte en charte; Rhodés, Figeac, Montauban (février 1370); Milhaud en Rouergue (mai); Cahors, Sarlat (juillet) (2).

Mais la ville de Lectoure fut des premières à donner l'exemple. La preuve en est acquise évidemment par l'antériorité de la date des lettres-patentes qui lui furent accordées, par Charles V : elles sont du mois de mai 1369 (3).

Le roi y reconnaît que les Lectourois se sont spontanément jetés dans ses bras; qu'ils se sont soumis librement et volontairement à son obéissance. En revanche il ratifie et approuve leurs franchises, il y en ajoute d'autres, en faveur des consuls, bourgeois, marchands et habitants de la ville. Quel que soit le commerce qu'ils veuillent entreprendre, quel que soit le lieu où ils désireront aller et résider, ils sont placés sous la protection spéciale des sénéchaux de Toulouse, de Carcassonne, de Rhodez et de leurs officiers subalternes; enfin il exempte les

---

(1) Chron. du roy. de France rapp. par Brugèle chron. du dioc. d'Auch.
(2) Ordonn. V. p. 291, 524, 533, 338; voir aussi Sismondi tom. XI. pag. 145.
(3) Voir aux pièces justificatives.

Lectourois de toute imposition, subsides, gabelles, leudes ou péages quelconques, même de leur contribution pour le paiement de la rançon du roi Jehan son père.

Quoique chassés du pays, les Anglais ne se tinrent pas pour battus : selon leur habitude ils changèrent de plan, adoptant la voie des négociations dans l'espoir de rattraper par les moyens diplomatiques ce qui leur avait été enlevé par la force des armes.

Le roi d'Angleterre voulut avoir des conférences à ce sujet avec Charles V, et faire traiter la question par des hommes graves et capables.

Des pourparlers eurent lieu entre des plénipotentiaires nommés dans ce but. Ce fut encore un évêque de Lectoure qui y représenta la France, comme déjà dans les dissentions intérieures l'évêque Géraud avait servi de médiateur entre les comtes d'Armagnac et la maison de Foix.

En effet nous lisons dans Rymer l'acte de sauf-conduit que le roi d'Angleterre fit délivrer à l'évêque de Lectoure Pierre d'Andoffielle, pour se rendre dans ses états (1) à l'effet d'y discuter les intérêts du roi de France.

Peu de temps après, une famine épouvantable vint désoler nos contrées méridionales. Le prix du blé était fixé à trente-deux florins (2). Les uns attribuèrent ces

---

(1) De conducto pro Episcopo Lactorensi Petro 3 Anzelirii venturo in Angliam super tractatus pacis inter regem et suum adversarium Franciæ data apud Eltham 19 junii 1357, teste rege. (Rymer rolles Gascons).

(2) Concha frumenti triginta duobus florenis erat (gall christ.) Nous ne pouvons donner une appréciation exacte de cette mesure; mais nous ferons remarquer que le mot *concha* s'est conservé à Lectoure comme mesure agraire, et qu'on appelle encore aujourd'hui *concade* une étendue de terrain qui équivaut à un hectare vingt-huit ares, ou deux hectolitres et demi de semences.

calamités à un tremblement de terre qui avait eu lieu au commencement de l'année, et qui s'était fait si vivement ressentir que les esprits les moins superstitieux en furent fortement impressionnés.

D'autres prétendirent que c'était le résultat des mesures prises par les Anglais, lors de leur évacuation : ne pouvant conserver le pays, on les croyait capables d'avoir voulu l'affamer pour l'obliger de revenir à eux.

CHAPITRE VIII.

Les Armagnacs, vicomtes de Lomagne.

> (Touiours biaux sires, et chevaliers
> de très grand'emprise, forts et fiers
> à leurs ennemis, hardis et de grand
> couraige.)
>
> (*Chronique de* GAUDEFROY)

De ce moment, les Armagnacs ne sont plus connus que sous le nom de *Vicomtes de Lomagne*, titre dont l'importance avait grandi en raison de celle que venait d'acquérir la ville de Lectoure.

Quelques explications ne seront pas inutiles pour l'intelligence de ce point historique.

L'ancien territoire de Lectoure avait subi diverses transformations. Incorporé primitivement au duché de Gascogne, il en fut détaché à l'époque du partage de présuccession de Guilhaume Garcias, pour former l'apanage de Bernard, son fils, sous le titre de comté d'Armagnac.

« Cette principauté s'étendait depuis Lectore jusqu'à
» Nougaroul et limites de Bigorre qui est la longueur
» du septentrion au midi, dit Belleforest (1), et sa lar-
» geur n'est pas moitié si grande qui est depuis le pays
» de Magnoac, jusqu'en Bigorre du levant au ponent.

---

(1) Belleforest cosm. univ.

» Les villes d'Aignan, Riscle et Labastide, en étaient
» des dépendances. »

D'après tous les historiens (1), Lectoure était une des villes principales du comté d'Armagnac; un fait historique vient confirmer cette opinion. Vers la fin du quatorzième siècle, l'Archevêque d'Auch avait convoqué à Tarbes un concile provincial au sujet de la préséance que l'évêque de Lectoure disputait à l'évêque d'Acqs. Celui-ci la prétendait fondée sur l'usage et sur le temps de sa consécration : l'évêque de Lectoure la fesait reposer sur la dignité du lieu, parce que la ville de Lectoure *était la capitale et le siége des comtes d'Armagnac*. Ces contestations prirent fin dans le même siècle vers l'année 1387. Le chroniqueur qui rapporte cet évènement ne fait pas connaître le nom de celui des deux Evêques à qui le concile accorda la préférence ; mais comme l'historien était habitant de la Bigorre, il paraîtrait assez naturel d'attribuer son silence à un certain sentiment patriotique, et de croire par conséquent, que la décision du concile fut favorable à l'évêque de Lectoure. Les Seigneurs qui commandaient cette contrée n'y avaient pas leur résidence habituelle ; mais ils y venaient quelquefois quand il leur prenait fantaisie de chevaucher. Tout les y invitait : un beau château fortifié par la nature, un site admirable, un pays riche, des vassaux dévoués à leurs seigneurs, et d'un autre côté, prêts à tout sacrifier pour la conservation des franchises de la ville.

Le pays de Lomagne faisait aussi partie du territoire compris dans le comté d'Armagnac ; mais il en avait été démembré comme celui d'Auvillars et quelqu'autre,

---

(1) Belleforest cosmog. univ.— André Duchesne, recherches sur les villes, chât. et places fortes.

en sorte que la Lomagne devint un apanage particulier sous le titre de vicomté dont la propriété passa sur la tête des Odoat, des Raymond-Arnaud, des Odon, des Vivian (1), rivaux des comtes d'Armagnac. Ce n'est pas que ceux-ci n'eussent des prétentions sur cette vicomté, mais ils avaient cédé leurs droits à l'exception de la suzeraineté.

Il existe un traité à cet égard, entre Bernard d'Armagnac, et Arnaud de Lomagne, lequel fut ratifié en 1073 par leurs fils respectifs, Odon et Géraud.

Par cet arrangement, Bernard abandonnait à Arnaud les droits qu'il pouvait avoir sur la vicomté du chef de son épouse Azéline, fille d'un vicomte de Lomagne, à la charge par ce dernier de lui céder aussi ceux qu'il pouvait avoir sur le duché de Gascogne, principauté que les Armagnacs enviaient toujours, parce qu'ils prétendaient descendre des Seigneurs qui en avaient eu la lieutenance-générale. Cependant les Armagnacs avaient stipulé qu'ils conserveraient leur suzeraineté sur la Lomagne, réserve qui ne fut pas sans force, lorsque plus tard ils voulurent rattacher ce pays à leurs possessions (2).

La Lomagne formait alors une circonscription territoriale qui comprenait le Brulhois, le Gimoëz, le Gavarret et une partie du pays d'Auvillars.

Nous verrons comment cette vicomté de Lomagne, après avoir passé dans plusieurs mains, revint à la maison d'Armagnac pour n'en plus sortir qu'à la dispersion des biens seigneuriaux, qu'à l'anéantissement de la féodalité sous la verge de fer du novateur de Plessis-les-Tours.

Les vicomtes de Lomagne vivaient d'assez bonne in-

---

(1) Art de vérifier les dates.
(2) Oihenart not. utr. vascon.

telligence avec la maison d'Armagnac: des alliances de famille s'en étaient suivies; Arnaud-Othon avait épousé la fille du comte Bernard. Il n'en eut qu'une héritière connue sous le nom de Mascarosa, vicomtesse de Lomagne : elle mourut sans avoir été mariée et transmit ses droits à son frère consanguin Vivian. Celui-ci étant décédé aussi sans laisser de postérité, sa sœur germaine *Philippa* lui succéda, et ce fut elle qui fit passer la vicomté de Lomagne dans la maison de Guienne, en accordant sa main au fils du comte de Poitiers, Hélie de Thallayrand, celui-là même que nous avons vu figurer dans le paréage de 1294. (1)

Comme la loi salique n'était pas en vigueur dans le pays et que le peuple était habitué à voir le pouvoir tomber en quenouille, Thallayrand comprit qu'il ne pouvait espérer d'éviter des tracasseries à la mort de sa femme qu'en se faisant consentir une transmission des droits de cette dernière, au moyen d'une donation en règle. Il fit plus, il engagea ses propres filles à se désister en sa faveur. Les circonstances le servirent à souhait, Thallayrand survécut à sa femme, considérée jusqu'alors comme seule vicomtesse de Lomagne. L'une de ses filles Hayremberge mourut dès ses plus tendres années; l'autre Marchésie, avait fait ses adieux au monde en embrassant, par contrainte ou vocation, l'état monastique sous la règle de l'ordre de Ste.-Claire (2).

Hélie de Thallayrand devint alors vicomte de Lomagne; mais il ne conserva pas long-temps cette seigneurie; il l'échangea contre des propriétés que Philippe-le-Bel lui assigna dans son pays, et la vicomté de Loma-

---

(1) Oihenart not. utr. vascon.
(2) Oihenart not utr. vascon.

gne fut donnée par le roi de France au frère du pape Clément V, Arnaud-Garcias de Gouth (1).

Il était dans la destinée de cette maison d'éprouver de la difficulté à continuer sa descendance en ligne masculine : une femme devint encore unique héritière de la vicomté, et ce fut alors que le comte d'Armagnac, Jehan 1er, qui avait conçu le projet de reconstituer le comté d'Armagnac sur les bases les plus imposantes, s'empressa de demander la main de la vicomtesse, Reine de Gouth, héritière de ce riche patrimoine. Ce mariage fut célébré en 1315 (2). Pour plus de sûreté, Jehan renouvela avec la ville de Lectoure le paréage de Thallayrand : ce traité eut lieu en 1377 (3). On eut soin d'y insérer qu'il y avait acquisition de la vicomté de Lomagne par les comtes d'Armagnac, et que ceux-ci prendraient désormais le titre *de vicomtes de Lomagne*. De ce jour la Lomagne fut réellement incorporée au comté d'Armagnac; et les comtes d'Armagnac qui aspiraient naguère au titre de ducs de Gascogne, après avoir pris celui de *comtes de Lectoure* (4), se contentèrent de celui de *vicomtes de Lomagne*, vassaux des comtes de Toulouse.

Mais la ville de Lectoure vient de prendre une physionomie nouvelle; son allure est plus décidée, sa personnification plus en relief, son individualité mieux reconnue.

C'est chez elle qu'on rédige les coutumes de Lomagne pour lui donner dans ce pays une plus grande pré-

---

(1) Oihenart not. utr. vascon.
(2) Cart. ausc. Brugèle.
(3) Délibération de la communauté de Lectoure, 9 novembre 1788.
(4) Art de vérifier les dates.

pondérance ; elle en est appelée le chef-lieu (1), les historiens lui reconnaissent ce titre (2).

Poursuivi par un duc de Guienne pour n'avoir pas voulu lui avouer sa vassalité, un vicomte de Lomagne va se jeter dans ses murs, pour demander aux Lectourois aide et protection (3).

Enfin ce qui rendait surtout la ville de Lectoure remarquable et importante dans le pays, c'était l'espèce de distinction dont elle fut l'objet de la part des rois de France qui la gratifiaient ostensiblement d'immunités et de priviléges. Grâce à l'habileté et au courage de Jehan 1er, cette maison d'Armagnac était arrivée à l'apogée de sa puissance. Indépendamment des limites que lui avait fixées l'historien Belleforest, elle exerçait un droit de suzeraineté sur les vicomtés de Brulhois, le pays de Gimoez et d'Auvillars qui comprenait lui-même les villes de Beaumont, St-Clar, une partie du territoire de Lavit et de St-Nicolas de la Grave.

La Lomagne y était incorporée avec ses possessions dans le Gavardan et ses prétentions sur les châtellenies de Batz, de Rivière, de Terride et de Fimarcon. Enfin le Roi de France après avoir récompensé la ville de Lectoure pour son dévoûment à la cause royale lors de la guerre contre les Anglais, voulut aussi témoigner toute sa gratitude au comte Jehan qui y avait si activement coopéré : les Seigneuries d'Auzan et le pays des quatre val-

---

(1) La ciutat de Laytoura en la vicoumtat de Loumagna. (Cout. de Lom.)
(2) Lactora, caput Leomanensis pagi (Oihenart not. utr. vascon.
(3) Vibianus hic cum Ricardo comite pictaviensi bellum habuit; sed tandem Lactoræ obsidionem diebus aliquot passus, se imperata facturum pollicetur, [atque ejus] fidei permittit; à quo mense augusto proximè anno 1221 consecuto in oppido sancti Severi militare cingulum honoris causa accipit (Oihenart. not. utr. Vascon.)

lées d'Aure, de Magnoac, de Barousse et de Nestes, lui furent concédées à perpétuité. (1)

En sorte que la ville de Lectoure devenue le noyau de vastes possessions, le point central d'immenses dépendances, fut regardée comme une des places les plus fortes, un des plus importants boulevards du midi. Pouvait-elle rester dans un état stationnaire, lorsque cette agitation intérieure qui travaillait la France se fesait ressentir jusques dans ses murailles ? lorsque surtout son moral y était préparé ?

Depuis que la Gascogne était sortie des mains de ses souverains légitimes, l'esprit, les mœurs de ses habitants avaient sensiblement changé.

Il n'y avait pas unanimité d'opinions en politique : l'intérêt personnel, le besoin des localités étaient un puissant mobile, un grand motif, un sujet de divisions.

Les uns regrettaient les anglais dont le joug leur paraissait très supportable en comparaison des lois féodales qui conservaient trop de priviléges et créaient tous les jours de nouveaux débats.

Certains Seigneurs même qui ne possédaient leurs terres qu'en arrière-fiefs refusaient de rendre hommage à leurs suzerains, ce qui privait ces derniers des secours qu'ils étaient en droit d'en attendre en retour de la concession des terres.

La couronne devait s'en ressentir puisqu'elle était privée elle-même de l'appui qu'auraient pu lui prêter les Seigneurs suzerains en armant leurs vassaux.

Le comte d'Armagnac éprouva ce refus de la part de quelques seigneurs; il en porta plainte au Roi qui en-

---

(1) Cart. ausc. Brugèle.

voya des commissaires en Gascogne pour contraindre les vassaux de son *très-cher cousin le comte d'Armagnac* à lui rendre hommage (1).

Jehan 1er éprouva à son tour l'inconstance de la fortune. Battu et fait prisonnier à l'Isle-Jourdain par le comte de Foix, il fut rendu il est vrai à la liberté, mais il succomba bientôt à une maladie de langueur (2). Fidèle au plan de restauration qu'il s'était tracé, Jehan avait cherché à rattacher l'avenir dans ses idées, en faisant contracter à ses enfans des alliances qui pourraient leur fournir de puissants auxiliaires.

Son fils Jehan II passa inaperçu, sans malheur et sans gloire ; mais Jehan III son successeur rappela en sa personne l'esprit chevaleresque, le caractère aventureux, le courage éprouvé de ses ancêtres. Dès son début il s'engagea dans une de ces expéditions périlleuses que recherchaient avec avidité les héros de ces temps-là. L'ennemi qu'il allait combattre était fait du reste pour flatter son amour-propre et enflammer son courage.

Il venait d'apprendre *que le terrible chef des compagnies franches, Geoffroi tête-noire*, désolait le pays de Comminges, appartenant à son beau-père. Le comte Jehan vole au secours de la petite ville de Saliers avec cent-cinquante hommes d'armes. Il arriva trop tard et ne trouva que des ruines au lieu d'ennemis impitoyables avec lesquels il avait tant à cœur de se mesurer.

A quelque temps de là il apprend que son beau-frère Galéas est en guerre avec ses voisins, et que le vicomte de Milan l'a dépossédé de ses terres. Il entre en Lom-

---

(1) Dom Casio, archives du trésorier de Rhodes.
(2) Cart. ausc. Brugèle.

bardie, fait le siége d'Alexandrie et y trouve glorieusement la mort après avoir fait des prodiges de valeur à la tête de ses Gascons (1).

Jehan III avait laissé un frère qui n'attendait qu'une catastrophe pour se mettre en évidence et donner un libre cours à une ambition démesurée. Jehan III n'avait eu que des filles, son frère en devint le tuteur; mais il ne se contentait pas du titre de régent, il lui fallait le souverain pouvoir. Il assembla à Auch les états d'Armagnac et de Fezensac, fit prononcer l'exclusion des deux mineures, et par ses intrigues et son audace se fit nommer à la place de son frère sous le titre de Bernard VII.

La veuve de Jehan III contrariait ses plans, il trouva le moyen de passer avec elle un traité qu'il viola ouvertement bientôt après en venant attaquer, sous un futile prétexte, la malheureuse Marguerite qui s'était retirée sur les terres du pays de Comminges. Celle-ci implora le secours du vicomte de Fezensaguet, qui s'empressa de venir en aide à sa parente. Il marcha avec ses deux fils contre Bernard, et le battit complètement. En récompense d'un dévoûment aussi beau, Marguerite offrit sa fortune et sa main au fils de son généreux libérateur qui l'accepta malgré la disproportion d'âges. Par ce mariage le Fezensaguet fut considérablement agrandi. Le seigneur de cette vicomté devenait pour Bernard un voisin incommode et redoutable; aussi chercha-t-il l'occasion de s'en débarrasser à tout prix. Bernard était peu scrupuleux par caractère: à ses yeux tous les moyens étaient bons pourvu qu'ils conduisissent au but qu'il se proposait.

---

(1) Froissart; Brugèle.

Par politique il avait épousé la fille du duc de Berry, afin de trouver un protectorat imposant dans l'influence de son beau-père. Il le remplaçait dans le commandement du Languedoc, lorsque Geraud vicomte de Fezensaguet alors en guerre avec le seigneur de Barbazan eut le malheur de tomber entre ses mains. Bernard VII profite de la circonstance, fait jeter Geraud dans les prisons de Carcassonne, et ordonne une instruction contre lui pour crime de haute trahison. Malgré les faux témoins qu'il avait soudoyés et qui devaient déposer que Geraud s'était servi sans ordres des troupes du roi, l'affaire échoua, et le vicomte de Fezensaguet devenu libre rentra dans ses terres. Aussi obstiné qu'astucieux, Bernard imagina alors de négocier une feinte réconciliation avec sa belle-sœur : il y parvint facilement, et employa toute l'influence qu'il acquit bientôt dans son esprit pour la perdre complètement. « Comment avait-elle pu se déter- » miner à épouser un homme aussi jeune, lui disait- » il ? n'était-ce pas se créer des embarras pour l'avenir ? » il est encore un moyen de conjurer ce malheur : c'est » de protester d'avance contre un assujettissement qui » deviendrait bientôt de la tyrannie ? » Marguerite a la faiblesse de l'écouter : elle quitte clandestinement le domicile conjugal, et vient s'enfermer avec un complice dans le château de Muret. Une pareille infidélité excita au plus haut point l'irritation de Geraud; il en avertit son beau-père et tous les deux vinrent avec des troupes faire le siége de la place. Bernard vole au secours de Marguerite et la délivre (1).

Enfin le vicomte Bernard ne pouvant arriver à ses

---

(1) Histoire des grands officiers de la couronne.

fins par des moyens détournés aussi vite qu'il le désirait, n'hésita plus à déclarer la guerre à Geraud, quoiqu'il n'eût aucun grief sérieux à lui imputer.

Il le surprend dans un de ses châteaux du Rouergue, s'empare de sa personne et le fait jeter dans une citerne dont la fraicheur était mortelle (1). Le comte de Lisle-Jourdain vint en instruire les enfants de Géraud en leur conseillant d'implorer la clémence du vainqueur ; il offrit même de les accompagner dans cette mission délicate, et peu de jours après, Bernard VII eut la satisfaction de voir à ses pieds les deux enfans de Geraud, venant réclamer leur père et demander sa grâce (2).

Bernard leur demanda aussitôt s'ils voulaient se mettre à sa merci, « assez se met à merci qui demande pardon, » dit le comte de Lisle-Jourdain : demander pardon est » un, et merci autre » répliqua Bernard. Cette froide réponse accabla les enfants de Géraud : craignant qu'un refus de leur part ne compromît les jours de leur père, ils n'hésitèrent pas à se soumettre sans condition, espérant désarmer la colère de Bernard par ce bel acte de dévoûment. Celui-ci s'empressa d'en prendre acte, mais deux jours après Géraud n'existait plus ; il avait succombé dans sa froide prison du château de la Rodelle (3).

Ses malheureux enfants subirent le même sort : l'un mourut chez sa mère au château de Bouzens, et l'on raconte que Marguerite ne fut pas étrangère aux mauvais traitements dont il fut victime, soit qu'elle voulût aussi faire sa cour à Bernard, avec lequel elle s'était réconciliée, soit qu'elle éprouvât une haine atroce pour

---

(1) Hist. gén. du Languedoc.
(2) Hist. des grands off. de la couronne.
(3) Recueil des manuscrits de la bibliothèque du roi.

le fils de celui dont elle avait depuis peu déserté la couche. L'autre fut pris de convulsions subites à la vue de la fatale citerne où l'on se disposait à le jeter, et expira bientôt après (1).

Débarrassé de tous ceux qui lui portaient ombrage, Bernard VII put facilement s'emparer du Fezensaguet, objet de sa convoitise (2). Son ambition n'était jamais satisfaite, il aspirait encore au titre de *connétable*. A force d'intrigues et de soins, secondé aussi par le duc de Berry son beau-père, il finit par l'obtenir. (3) Sa puissance augmenta si vite et il devint si redoutable qu'on le regardait comme le véritable maire du palais de Charles VI. Pour arriver à ce poste élevé, Bernard avait dû épuiser toutes ses ressources: il recourut à des emprunts, et la ville de Lectoure y contribua pour une somme de quatre-cent-dix livres (4). Cependant le caractère altier, irascible et impitoyable de Bernard était loin de lui concilier les cœurs.

Il s'attira tellement la haine des Parisiens, qu'au temps des factions d'Orléans et de Bologne on l'accusa d'avoir ouvert par trahison les portes au duc de Bourgogne. Poursuivi de maison en maison, traqué dans les carrefours, il fut enfin découvert dans un misérable ré-

---

(1) Hist. des grands off. de la couronne.
(2) Hist. Gén. du Languedoc.
(3) Chronique d'Auch Brugèle.
(4) L'an M. CCCC. XII. foron prestats à moss lé comté d'Armagnac per la ciutat de Laytora quatre cents f.... losquals foron recebuts per los senhors Pey Dastugo, licenciat en loys, Bertrand de Constantin, Bertrand Darton, Bidou Delas et Pey Laffargua cossolhs de la dita ciutat de Laytora et prestats per la maniera que s'en siec per las personnas dejus scritas, dels quals *aben reconnoyssensa* del dit moss lo comte....; Losquals embiec Pey Laffargua à Bic per Balha à Johan deu Basco recebedor de moss. lo comte. (Archives de Letoure.)

duit et massacré impitoyablement par le peuple (1) dans la nuit du 12 juin 1418.

Jean IV son successeur avait hérité du caractère décidé de son père. Son premier acte d'autorité fut d'une hardiesse propre à indisposer contre lui les états du Fezensac et d'Armagnac (2) : il cassa la délibération qui excluait les femmes, préférant courir les chances de voir l'autorité tomber en quenouille plutôt que d'abandonner aux états un pouvoir arbitraire qu'il n'était pas disposé à leur reconnaître. Peut-être était-ce aussi en haine de ses autres parents.

Mais le pays loin d'en être ému parut au contraire lui en savoir bon gré : du moins démontra-t-il dans une occasion solennelle tout l'attachement qu'il portait au comte, par un empressement et une générosité à laquelle il était loin de s'attendre. Son mariage venait d'être arrêté avec la fille du roi de Navarre; des fêtes magnifiques furent aussitôt ordonnées, et ses ressources étant loin de suffire aux dépenses extraordinaires qu'elles devaient entraîner, les Lectourois s'exécutèrent à l'instant. Ils ouvrirent une souscription volontaire, et chacun s'imposa une contribution en nature: bœuf, vaches, moutons, volaille, gibier, argent, tout fut mis à la disposition du nouveau comte et livré à son économe Jehan de Cory, trésorier du pays de Lomagne (3).

Les fêtes furent brillantes et en rapport avec la splendeur des deux maisons qui allaient s'allier, elles durèrent

---

(1) Son portrait est dans le magnifique musée de Versailles à la galerie des connétables. (Vatout notice du musée).

(2) Cart. Ausc. Brugèle.

(3) L'année 1419 sous le consulat de Pey Dastugue. Berthoumieu de Camségué, Bertrand Darton, Bidou Delas, et Pey Laffargue, des bœufs,

plusieurs jours et tout le monde prit une part active et franche aux réjouissances publiques. Mais cet immense cri de joie poussé par une population saisie d'enivrement, devait être le précurseur d'une tempête. Jean IV avait eu des moments d'audace et de bonheur ; bientôt il éprouva à son tour l'inconstance de la fortune. Croyant avoir des droits sur quelques bourgs du pays de Comminges, il s'en était emparé : (1) il se disposait même à soutenir la guerre que lui préparaient les comtes spoliés, lorsqu'un arrangement fut proposé, accepté et suivi d'une trêve (2). Le roi de France s'y opposa ; il prit couleur dans cette affaire; et redoutant l'accroissement d'une famille aussi influente, il envoya contre Jehan une armée commandée par le Dauphin en personne.

Charle VII avait encore un autre motif qui pouvait être assez plausible; il le soupçonnait d'entretenir des intelligences avec les Anglais. En effet nous lisons dans les archives de la municipalité de Lectoure qu'une somme lui fut prêtée par les Lectourois pour donner aux Anglais. (3)

---

vaches, moutons, volaille, gibier, argent etc., etc. furent acceptés de divers habitants de Lectoure et baillés à Jehan de Cory trésorier de Lomagne pour les noces de M. le comte d'Armagnac, Jehan IV, qui devait épouser la fille du roi de Navarre. (Note de la municipalité de Lectoure.)

(1) Il est possible que le Castéra-Lectourois, petit bourg au nord de la ville, jouât un rôle dans cette circonstance : Belleforest rapporte que « le Cas-
» tera-Lectourois ville aux environs de Lectoure appartenait aux sei-
» gneurs de Fontenilles *en comminges*, et qu'il vit naitre dans ses murs
» ce grand abyme des lois, le docteur *Pérériis* ». Il y a dans la commune du Castéra un lieu qu'on nomme *Pérès* : c'est actuellement la maison de campagne de l'ancien député Gauran, dont les enfants viennent de relever le bel établissement de tannerie, situé à Hydrone.

(2) L'original du traité était déposé à Castelnau-Barbarens chez le sieur Garde Morillon dont la famille est éteinte aujourd'hui. (Brugèle.)

(3) L'an 1434, les consuls Bernard de las Riulhes, Jehan du Faur, Jehan de Barthe, Bernat de Gilibert, Bertrand Bascou, Guilhem deu

Une rencontre eut lieu sous les murs de Lisle-Jourdain : le comte y fut battu et fait prisonnier ; il ne dût plus tard sa liberté et la restitution de ses biens qu'aux sollicitations du comte Foix qui oublia dans cette circonstance ses longues inimitiés et se porta caution pour lui. Il mourut peu de temps après (1).

Pleix..... envoyèrent au seigneur comte d'Armagnac cent fr. dont il avait grandement besoin pour envoyer aux Anglais et cotisèrent icelle somme sur les bas nommés etc., etc. (Note de la municipalité de Lectoure.)
(1) Cart. ausc. Brugèle.

CHAPITRE IX.

Décadence de la Maison d'Armagnac.

> Messire le Roi, notre seigneur et maître a dit d'occire ; soit fait comme il a dit......
>
> (ANCIENNE CHRONIQUE.)

Cependant le Dauphin venait de parcourir nos riches contrées de la Gascogne, dont le beau coup-d'œil était fait pour nourrir dans son esprit des pensées d'ambition; mais, en politique habile, il les dissimula sous une apparence de générosité en proclamant l'oubli du passé. Ce n'était pas sans raison aussi qu'il avait depuis peu conseillé à son père de reconnaître et confirmer les franchises de la ville de Lectoure. Sa perspicacité naturelle lui avait fait deviner le caractère indépendant des hommes du Midi, et il avait compris qu'un pareil acte devait lui donner une popularité qu'il pourrait exploiter plus tard, quand le temps serait venu de mettre à exécution un hardi projet : celui de s'emparer du comté d'Armagnac, de rattacher à la couronne de France un de ses plus beaux fleurons.

Un imprudent jeune homme lui en fournira bientôt l'occasion : le scandale d'une passion désordonnée et honteuse en sera le prétexte.

Le successeur de Jean IV fut un de ces personnages dramatiques qu'un pouvoir irrésistible entraîne vers le crime et que la fougue des passions rend aussi coupables qu'infortunés.

En sa qualité de vicomte de Lomagne, il habitait le château de Lectoure avec sa sœur Isabelle d'Armagnac, dont la beauté, s'il faut en croire les historiens (1), excita l'admiration de ses contemporains, lorsqu'un jour le bruit se répandit qu'un accouchement mystérieux venait d'avoir lieu dans le silence des appartements : les domestiques racontaient que des vagissements étouffés avaient été entendus pendant la nuit.

Cette circonstance scandaleuse fit connaître un scandale plus grand encore; car elle nécessita de la part de Jean V un aveu de paternité qui excita au plus haut point l'indignation générale. Le Roi en fut « fort déplaisant et pour deux
» raisons : l'une pour ce que c'était contre la saincte foy,
» et l'autre pour ce que iceluy comte estait descendu de la
» Couronne. (2) » Il exigea qu'il éloignât d'auprès de lui la complice et le fruit de ce monstrueux inceste.

Mais, ferme dans ses vouloirs et n'acceptant que la loi de ses caprices, Jean V ne put se déterminer à se séparer de sa sœur : au contraire il voulut l'épouser et fit exprès le voyage de Rome pour solliciter des dispenses. Le Pape refusa. Alors le comte d'Armagnac en fit fabriquer de fausses par le référendaire du Pape lui-même, Ambroise de Cambray, *le plus avide et le moins délicat des hommes* (3). Muni de ces lettres il revint à Lectoure, et força son chapelain à célébrer le mariage dans un des souterrains du château (4). A cette

---

(1) Expilly (dict. hist.)
(2) Coucy.
(3) Jean Bouchet. (Annales d'Aquitaine).
(4) Mayer (Annales de Flandre), et Pierre-Mathieu (Vie de Louis XI, livre 10).

nouvelle la colère de Calixte III ne connaît plus de bornes Il prononce contre ce malheureux couple une excommunication terrible, et jette dans les fers son secrétaire infidèle. Ce coup lancé par les foudres du Vatican vint retentir jusqu'aux pieds du trône de France, et Charles VII, pour ne pas tolérer un exemple aussi dangereux pour les mœurs (1), envoya contre le Comte une armée nombreuse commandée par les maréchaux de Xaintrailles et de Lohéac.

La ville de Lectoure tomba bientôt en leur pouvoir; et tandis que la soldatesque effrénée se livrait à toutes sortes d'excès, Jean V et sa sœur sortirent furtivement par une poterne du Château, traversèrent, déguisés, le camp ennemi, et allèrent sous le ciel espagnol mettre leur tête à l'abri de la colère Royale.... Ce ne fut pas pour long-temps. Le comte d'Armagnac a bientôt réfléchi sur le sol de l'éxil: il ne se sent pas la force de perdre en un jour sa considération, son rang, sa fortune, pour le cœur d'une femme; il abandonne la malheureuse Isabelle, et vient se jeter aux pieds du comte de Foix, dont l'inépuisable générosité lui était particulièrement connue. En effet celui-ci s'empressa de solliciter son pardon auprès du Roi, en répondant de sa fidélité, et lui fit épouser sa sœur Jeanne; mais il fallait détruire jusqu'aux dernières traces d'une bigamie devenue publique. On fit alors annuler par arrêt du Parlement le mariage d'Isabelle, qui reçut en dédommagement quelques droits d'usufruits (2). Elle n'en jouit pas long-temps: brisée par

---

(1) Coucy; et expilly (dict. hist).
(2) Un procès lui fut fait à la date de 1457, et l'arrêt fut prononcé le 13 mars 1460. — L'acte d'abandon de l'usufruit des terres de Barrousse, Nestes, d'Aure, de Magnoac et de Clausiers est à la date du 22 avril 1463. — Il

le chagrin, elle mourut bientôt-après dans le cloître obscur d'un couvent de Barcelonne.

Pardonné par la cour de Rome qui lui avait accordé l'absolution de ses fautes, rentré en grâce auprès du Roi, rétabli dans son ancienne autorité, l'incorrigible Jean V ne put contenir un naturel remuant et aventureux. Peu soucieux de son avenir, inaccessible à la crainte, foulant aux pieds les principes de la foi jurée, il vint se jeter tête baissée dans la guerre dite *du bien public*, et se ligua avec le duc de Bourbon et le sire d'Albret, ennemis implacables du Roi de France (1).

Louis XI était sur le trône. Il s'occupait précisément alors de ses projets d'agrandissement de la couronne de France, et venait d'y réunir quelques provinces moins importantes peut-être que la Gascogne. Il fut enchanté de cet événement; mais il se garda bien d'en manifester sa joie. Depuis ce moment il aura les yeux constamment fixés sur la maison d'Armagnac et la ville de Lectoure; il ne les détournera que lorsque l'une sera anéantie et l'autre complètement soumise à son autorité royale.

Pour s'entourer d'une apparence de légalité, il commence par obtenir du parlement de Paris un arrêt de condamnation contre le comte d'Armagnac, et le lui fait signifier par Chabannes de Dammartin, grand-maître de France, et l'amiral Louis de Bourbon, à la tête d'une nombreuse armée (2).

---

y était stipulé qu'elle ne se remarierait pas. (Jean Bouchet, Annales d'Aquitaine.)

(1) Expilly (dict. hist.)

(2) Par arrêt du parlement de Paris, à la date du 17 septembre 1470, Jean V d'Armagnac fut condamné par contumace à la décapitation en place publique. (Expilly: dict. hist.)

Prévoyant que peut-être ses généraux se laisseraient abuser par de feintes promesses, le Roi leur donna lui-même ses instructions par écrit (1). Ils avaient ordre de s'emparer de la personne du Comte et de le lui emmener. Celui-ci ne s'était pas dissimulé sa faiblesse en présence de forces aussi imposantes. Il avait pris la fuite, abandonnant aux troupes Royales la ville de Lectoure et ses habitants.

Dammartin fut généreux : les propriétés privées furent respectées; seulement les domaines de Jean V furent confisqués au profit de la couronne et une partie servit à payer des services particuliers.

Dans sa retraite Jean V ne perd pas de vue les affaires de France; il a l'oreille au guet. Il vient d'apprendre qu'il règne une certaine mésintelligence entre Louis XI et son frère Charles, à qui il venait de donner le duché de Guienne. Celui-ci lui en avait d'abord témoigné toute sa gratitude; mais sa reconnaissance se changea en une haine profonde et éclata en reproches amers quand il eût visité lui-même ce duché entouré de toutes parts de places fortes, et comprenant *des villes jouissant de priviléges si étendus qu'elles ne produisaient presque aucun revenu.* (2)

Jean V a entendu ces plaintes; il court se mettre à la disposition de Charles, duc de Guienne, qui lui accorde sa confiance et l'aide à rentrer en possession de son château de Lectoure et de ses dépendances.

La ville de Lectoure fut de nouveau assiégée. Jean V, qui n'avait pas eu le temps d'y organiser un système

---

(1) Voir la lettre dans les Mémoires de Comines; notes édit. de Petitot.
(2) Mémoires de Comines.

de défense, offrit une capitulation qu'on accepta, et dont les conditions étaient assez honorables, puisqu'il devait conserver quelques seigneuries et jouir de douze mille livres de rente dans son château de Fleurance (1).

Cependant les troupes royales rentraient paisiblement dans la ville de Lectoure. Les sires de Beaujeu, de Montignac, de Candale et de Castelnau étaient venus des premiers s'installer sans défiance dans les appartements du Comte, lorsque, par une nuit obscure, l'alarme se répand dans la ville, le tocsin sonne, des cris de guerre se font entendre. Soudain à la lueur des torches on apperçoit le spectacle épouvantable d'une horrible mêlée, au milieu de laquelle Jean V, furieux, la dague au poing, les habits en désordre, la figure ensanglantée encourageait ses partisans au meurtre....

Surpris à l'improviste, les soldats du Roi furent facilement massacrés, ou chassés hors des murs, leurs chefs faits prisonniers et jetés dans les fers.

Le seigneur de Bazeille, qui avait aidé le comte d'Armagnac dans ce hardi coup de main, paya cher le service qu'il venait de lui rendre. (2)

A cette nouvelle, Louis XI affecte la plus grande colère; il jure la ruine de cette famille, le terrible mot *væ victis*

---

(1) Le traité portait 1. qu'il obtiendrait la permission d'aller se justifier auprès du Roi; 2. qu'il abandonnerait tous les biens à la réserve de 12,000 livres de rente et la jouissance des villes d'Eauze, Fleurance, Barran, Nogaro. Il est à la date du mois de décembre 1472. (histoire de Languedoc.)

(2) Le Seigneur de Ste.-Bazeille, cadet d'Albret, eut la tête tranchée sur un échafaud, à Poitiers, le 7 avril 1473, *pour avoir averti le comte d'Armagnac des intentions des habitans de Lectoure et facilité sa rentrée dans la ville*. (Expilly, dict. hist.; et mémoires de Bonal, secrétaire de Jean V, lesquels sont tirés des archives de Rhodes (hist. du Lang.)

est prononcé. Il lui faut une punition égale à l'énormité du crime. Le cardinal d'Arras Joffridy, ministre de paix, deviendra aussi celui de ses vengeances.

Vers la fin de janvier 1473, il arriva sous les murs de la ville de Lectoure avec une armée de quarante mille hommes. (1)

Du haut des remparts on pouvait observer les troupes royales campées dans la plaine du Gers. C'était un spectacle imposant et terrible à la fois : des corps nombreux de guerriers défilaient en silence, les soldats armés de mousquets, d'épées, de hallebardes, se rangeaient en bataille et prenaient position ; les archers se jettaient sur les hauteurs.

La plus grande détermination paraissait les animer. On voyait les cavaliers se redresser sur leurs selles pour mieux apercevoir les bastions; les trompettes faisaient entendre des sons joyeux; les coursiers, un moment rafraîchis par le repos, rongeaient leur frein d'impatience et frappaient la terre du pied.

Le lendemain au point du jour, le soleil parut radieux; il faisait reluire les armes, et l'on pouvait reconnaitre aux gonfanons armoiriés la tente du Cardinal, commandant en chef, celles du sire Robert de Balzac, du comte de Lude, des sénéchaux d'Agenais, de Toulouse, de Beaucaire, et d'autres gentilhommes. (2)

Cependant le comte d'Armagnac ne perdit pas courage. Il faisait aussi ses dispositions pour une résistance désespérée. Il savait ce qui l'attendait s'il était pris; à quel homme il avait affaire.... le moment de crier merci était passé, il n'y avait plus d'excuse possible à faire valoir.

---

(1) Expilly (dict. hist.)
(2) Expilly (dict. hist.)

On le vit donc avec son activité ordinaire distribuer lui-même les postes à ses gens d'armes. Il pointa son artillerie (1) sur les murailles les moins solides, et pour que rien ne portât obstacle au jeu des pièces et à la justesse du tir, il fit abattre toutes les maisons en dehors des remparts. Le couvent des carmes bâti près de la fontaine, au lieu encore appelé le *Martisát* ne fut pas respecté. Prévoyant que les soldats de Joffridy pourraient s'emparer de ce bâtiment, s'y caser pour mieux aborder les bastions et les escalader ensuite, il le fit raser. (2)

Enfin il arma la garde bourgeoise (3), et se mit à la tête de cette espèce de milice citoyenne d'autant plus déterminée à combattre qu'elle était aussi intéressée au succès de la défense.

Les assiégeants occupaient un petit monticule à l'est, d'où ils pouvaient battre en brèche la porte de la Fontaine; c'était là que le feu devait s'ouvrir.

Après ces préparatifs de part et d'autre, le siège commença avec la plus grande vigueur. Les Lectourois se défendirent avec l'acharnement et le courage que devait leur inspirer la certitude d'avoir en tête un ennemi sans pitié. Le Comte d'Armagnac commandait en personne ; on le trouvait partout, encourageant de la voix et du geste, infatigable, mettant aussi la main à l'œuvre, se

---

(1) L'artillerie de la ville de Lectoure se composait de « VI colla-« brinas et ung canon, quatre pessas d'artillaria garnidas de carriots. »
(Chroniques de Lectoure.)

(2) Extrait des Archives du couvent des Carmes.

(3) Nous avons vu à la page 77 que chaque citoyen devait être armé; cependant la municipalité avait aussi ses armes, qu'elle distribuait dans les grandes circonstances ; nous avons trouvé les noms de ceux qui en reçurent à la date de 1412, nous les rapportons aux pièces justificatives.

portant sur les lieux les plus menacés, s'exposant sans ménagement, et constamment suivi de deux gentilhommes dont les noms méritaient si bien de nous être conservés.

Chaque jour les troupes royales arrivaient jusqu'aux fossés; quelquefois elles cherchaient à miner les remparts; mais des sorties audacieuses et savamment combinées les en chassaient et les obligeaient d'aller se réfugier sous leur artillerie placée sur le plateau de Lamarque.

Ce fut dans une de ces attaques que périt le fils d'Isabelle que Jean V avait retiré auprès de lui : peut-être ce malheureux jeune homme voulut-il laver par une mort glorieuse la honte de ses parents... (1) De son côté le Roi y perdit un de ses meilleurs capitaines, Gobert Cadiot, maître et visiteur de l'artillerie de France. (2).

Cependant le siége durait depuis deux mois et la brèche n'avait encore pu être pratiquée. Les vastes et solides fortifications romaines qui entouraient la ville résistaient toujours à la violence, à la multiplicité des projectiles. Le découragement était dans le camp de l'armée royale: Joffridy le comprit, et fatigué lui-même, ne comptant nullement sur une détermination timorée de la part de Jean V, il lui dépêcha le seigneur Yves de Fau pour lui porter des paroles de paix et l'amener à composition.

Quoiqu'énorgueilli d'une aussi belle résistance, le comte prévoyait assez que la place ne serait bientôt plus tenable. Les vivres étaient épuisés, beaucoup de ses gens étaient morts, plusieurs blessés, tous fatigués par la longueur du siége. Une capitulation honorable pouvait encore être plus avantageuse qu'une résistance outrée. Il accepta la proposition, et sa contenance dût être encore di-

---

(1) Malte-Brun (Geogr. compl. v.ᵉ Lectoure.)
(2) hist. généalog. du Père Anselme tom. 8, pag. 151.

gne et ferme ; car en lisant le traité, on voit nécessairement qu'il en dicta lui-même les termes (1).

La paix fut signée le même jour, 4 mars 1473, par le comte de Lude, et le Sénéchal de Toulouse, pour le Roi ; par l'évêque de Lombez, le chancelier d'Armagnac, troisième président du parlement de Toulouse, deux gentilshommes et deux bourgeois, plénipotentiaires de Jean V. Elle fut jurée de part et d'autre sur le St-Sacrement de l'Autel : on raconte aussi que Joffridy célébra la messe et divisa l'hostie, dont il donna une moitié au Comte lui-même (2).

Le lendemain, on publia dans la ville de Lectoure ce qui venait d'être résolu : les remparts furent démantelés, les bourgeois rentrèrent chez eux et quittèrent leurs armes, les portes s'ouvrirent, et les officiers des troupes royales firent préparer les logemens.

Le six, Jean V se disposait de rendre le Château, et venait d'envoyer un émissaire au Cardinal, pour connaître le nom de la place où il devait se retirer en sûreté avec sa famille, lorsqu'une bande de forcenés, ayant à leur tête Robert de Balzac (3), brisent les portes, se répandent dans

---

(1) Le traité était rédigé en dix articles dont voici les principaux : 1º Le roi accordait pardon et rémission au Comte, gentils-hommes, gens de guerre, sujets et domestiques ; 2. restitution de leurs biens, meubles et immeubles qui se trouveraient encore en nature ; 3. confirmation des priviléges et franchises et coutumes ; 4. nul ne pourrait être emprisonné ni ses biens confisqués ; 5. La ville ne serait ni démolie, ni pillée ; 6. sauf conduit au Comte pour aller se justifier auprès du Roi, et une place forte pour résidence de la Comtesse pendant l'absence de son mari..... (Expilly, dict. hist.)

(2) Expilly (dict. hist.), Malte-Brun (dict. hist.). C'est aussi la tradition populaire ; on désigne encore l'Eglise des Capucins pour avoir reçu ce serment parjure.

(3) Expilly (dict. hist.). Selon d'autres, c'était son lieutenant Guilhaumac de Montfalcon. Mémoires de Bonal, secrétaire de Jean V, tirés des archives de Rhodez.

la ville, pénètrent au Château et entrent insolemment dans les appartemens du Comte.

« Nous sommes trahis, dit le jeune Boroulhan, gentil-
» homme du comte d'Armagnac, en s'approchant de lui
» pour le protéger de ses armes ; maudit cardinal, il ne se
» fait rien ou n'attentent ses mains parjures ; » Il ne put achever, une hallebarde l'avait percé de part en part.

Cependant le regard calme et sévère de Jean V en avait imposé à ces furieux; et se tournant vers leur chef, « Que
» désire de moi monseigneur d'Arras ? .... » — Que vous supportiez vos malheurs avec résignation, dit celui-ci, en se baissant avec respect, et sur un signe qu'il fit à ses gens, le chef des Francs-archers Gorgias lui passe son épée au travers du corps (1), pendant qu'un autre lui déchargeait un coup de hache d'armes sur la tête (2).

Le malheureux Comte tomba *en invoquant* la sainte Vierge (3); son corps fut mis à nu, insulté, traîné dans les rues de la ville. La Comtesse ignorait le sort de son mari; elle avait cependant quelques appréhensions. Au bruit qu'elle venait d'entendre, elle s'était retirée dans ses appartemens avec ses femmes, lorsque des misérables pénétrant jusqu'à elle, lui arrachent ses joyaux, déchirent ses habits et se seraient

---

(1) Mémoires de Bonal, secrétaire de Jean V; tirés des archives de Rhodes.
(2) Expilly (dict. hist.) « prétend que cette scène se passa dans la
» maison de Ste-Gemme, où le comte d'Armagnac s'était retiré et où il
» fut poursuivi et découvert par Montfalcon ». D'après un extrait des Archives du couvent des Carmes de Lectoure, « le traité de paix fut con-
» clu sous le portail, et après que Jéhan V eut reçu la communion de
» la main de l'évêque d'Alby, il se retira pour faire ses actions de grâces
» dans une maison voisine de l'église, là où sont actuellement les Ca-
» pucins, et y fut assassiné.....
(3) Expilly (Dict. hist.). Brugèle (cart. ausc.). Villaret (hist. de France.). Le Père Daniel et Philippe de Commines.

abandonnés à la dernière brutalité sans l'arrivée du seigneur de Beaujeu qui la fit relever et porter en lieu de sûreté. On sait le reste. Conduite au château de Bretenous (1), selon les uns, enfermée dans les souterrains de Buzet, selon d'autres (2), elle reçut des mains d'Olivier-le-Roux un breuvage qui en lui arrachant la vie, fit périr avec elle le rejeton qu'elle portait dans son sein (3).

La ville de Lectoure ne fut pas respectée; tout est mis à feu et à sang, femmes, enfans, vieillards, tout est passé par les armes; les édifices sont incendiés, les maisons démolies et pillées... Les cadavres, amoncelés dans les rues, exhalaient une telle puanteur, que la ville n'eût pendant longtemps pour hôtes que des bêtes féroces (4).

Cet événement fit beaucoup de bruit en Gascogne ; mais le peuple, toujours superstitieux, avait cru en deviner le présage dans l'apparition d'un phénomène céleste, et la chronique de Berdoues assure qu'il ne se trompait pas (5).

Après l'expédition de Lectoure, l'armée royale, ayant toujours à sa tête le cardinal Joffridy, parcourut tout le comté d'Armagnac et le traita en pays ennemi : elle arriva à Auch, et s'y fit donner une rançon. La ville n'ayant plus d'argent, le chapitre de la Cathédrale fut obligé de vendre sa bibliothèque, un crucifix, deux statues de la Vierge et de St-Jean, en argent massif (6).

Quelques jours après la fin tragique de l'infortuné Jean

---

(1) Expilly (dict. hist.).
(2) Mémoires de Bonal, secrétaire du Comte, tirés des Archives de Rhodez.
(3) Expilly (dict. hist.), et Bonal.
(4) Mémoires de Bonal. — Expilly (dict. hist.). Brugèle.
(5) « Anno 1472 fuerunt visæ duæ cometæ in comitatu astariacensi, et post comes Armeniaci fuit occisus in civitate Lactorensi, quæ post fuit destructa. » (Brugèle, *Chron. d'Auch*)
(6) Expilly (dict. hist.).

V, le château de Plessis-les-Tours fut témoin d'une scène où s'agitèrent pour la dernière fois les destinées de la Maison d'Armagnac.

Par une de ces soirées pluvieuses où le ciel, quoique chargé de nuages, laisse souvent s'échapper les éclairs d'une lueur vive et rougeâtre, un personnage d'une taille assez élevée, maigre et revêtu d'habits de couleur brune, parcourait, à pas lents et mesurés, les larges dalles de la sombre galerie de Roland. Silencieux et pensif, il s'arrêtait parfois comme plongé dans la plus profonde méditation, et lorsque les derniers rayons du soleil vinrent frapper à travers les barreaux des fenêtres sa physionomie longue et blême, on y remarquait une expression de haine, de malice et de duplicité qui se trahissait par ce tic convulsif, indice certain d'une colère long-temps concentrée et prête à faire explosion.. « Paques-Dieu, s'écria-t-il en froissant avec
» dépit les dépêches qu'il tenait à la main, j'avais raison
» de dire à Dammartin que cette place de Lectoure était
» bonne et que oncques les Armagnac ne l'auraient.... Par
» Notre-Dame d'Embrun sera fait comme est écrit.... Sage-
» ment et gentiment ferez, Sire, » répondit Jean de Lude qui venait d'apporter à son maître tous les détails du siège et qui, prisonnier un moment de Jean V, obéissait aussi à ses propres rancunes en approuvant de la voix et du geste; « mais il en reste encore de cette famille de félons.... »

Charles, frère de Jean V, était un homme impassible; il n'y avait pas à craindre qu'il se mit en évidence; car il avait tellement gémi dans les cachots de Charles VII qu'il en avait perdu la raison : au contraire le petit fils de Bernard VII, Jacques, duc de Nemours, était actif, entreprenant, courageux; il pouvait devenir redoutable.

N'usant des moyens extrêmes qu'avec la plus grande réserve et lorsque les choses ne pouvaient arriver à ses fins par les voies ordinaires, Louis XI chercha d'abord à se l'attacher par des bienfaits : pour garantie de sa fidélité il lui avait fait jurer en 1470 sur la croix de St-Cloud en *présence de six notaires* royaux et six *notaires apostoliques* de ne jamais attenter à rien qui fut préjudiciable à la Couronne (1). Néanmoins il conçut plus tard des méfiances contre lui ; sa conduite lui parut suspecte et il se détermina à lui faire un procès dans les formes. Il lui était si facile d'obtenir un arrêt de condamnation d'un parlement soumis à ses moindres caprices.

Il l'accusa donc d'avoir eu des intelligences avec son parent Jean V, pendant la guerre; d'avoir agi de concert avec lui secrètement, en lui donnant le conseil de ne pas s'enfermer dans des places fortes... de l'avoir informé que quant à lui, il trouverait le moyen de retarder la marche des armées du Roi... qu'alors il agirait de concert avec le duc de Bourgogne pour attaquer le Roi en temps opportun, et s'assurer de sa personne et de celle du Dauphin.

L'acte d'accusation portait en outre que Jacques d'Armagnac avait fait des confidences à un cordelier qui s'occupait de nécromancie, et qu'il l'avait consulté sur le sort futur de son entreprise et sur les suites du complot (2).

Il n'en fallait pas d'avantage pour convaincre des juges vendus au pouvoir, ou tremblants aux volontés d'un maître implacable : le comte d'Armagnac fut condamné, et la rue des Halles fut témoin du raffinement de barbarie qui accompagna son exécution. (3).

Nous avons dit que la prison et les chagrins avaient tel-

---

(1) Manuscrit de Mme de Montezun-Pardiac.
(2) Manuscrit de Mme de Montezun-Pardiac.
(3) On mit sous l'échafaud les enfants du comte pour recevoir sur eux

lement ruiné la santé de Charles d'Armagnac qu'il tomba dans un espèce de marasme moral.

Alors la maison d'Albret se prétendant héritière de cette branche par les femmes, depuis son alliance avec une fille du Connétable, voulut s'emparer de sa personne et de ses biens.

Elle était parvenue à faire prononcer son interdiction par le parlement de Toulouse ; mais son épouse, la vertueuse Marguerite, assembla les Etats de Fezensac, d'Armagnac et de Rhodez. Nantie d'une délibération contraire, elle vint elle-même à la Cour solliciter la cassation de cet arrêt et demander la réhabilitation de son mari. Elle l'obtint de la justice du Roi, et Charles, devenu libre en 1496, put disposer de ses biens par testament en faveur du duc d'Alençon son neveu. Il mourut bientôt après (1).

La succession de Charles devint dans le siècle suivant la cause de différends qui s'élevèrent entre le roi de France et la maison d'Albret. François Ier y mit fin par le mariage de sa propre sœur avec le duc d'Alençon. Charles d'Armagnac avait laissé deux enfans.

Le roi de France Charles VIII, plus équitable encore que bienfaisant, instruit des injustices qui avaient été faites à la maison d'Armagnac, voulut les réparer. Il convoqua une assemblée à Tours pour y discuter contradictoirement la question. Le procès-verbal de la séance est trop palpitant d'intérêt pour ne pas être rapporté.

« Sur les requêtes présentées par Cathérine de Foix et
» son avocat, tendant à justifier la mémoire de Jean V, le
» vieux comte de Dammartin se leva, prit la parole, et
» affirma que le Comte avait été traître à l'état et criminel

---

le sang de leur père, ils en sortirent tout couverts et furent en cet état conduits à la Bastille où ils moururent. (VOLTAIRE.)

(1) Manuscrit de Madame de Montezun Pardiac.

» de lèze-majesté, et que tout ce qui avait été exécuté dans
» le règne précédent était juste et en punition de ses cri-
» mes. Sur ce propos, le Comte de Comminges et le sire
» d'Albret, qui étaient venus avec toute la noblesse de Gas-
» cogne pour soutenir les intérêts de la maison d'Arma-
» gnac, se levèrent à leur tour et donnèrent un démenti à
» Dammartin... Une agitation extraordinaire suivit ces pa-
» roles ; les rapières furent dégaînées, et la salle du con-
» seil aurait dégénéré en une arène de combattants, si le
» Roi, qui était présent, n'eût arrêté cette scène de désor-
» dre en levant la séance. » (2).

Le lendemain, le Roi rendit une ordonnance qui cassait et annulait tous les arrêts de confiscation prononcés con la famille d'Armagnac, et notamment celui de bannissement qui avait été rendu contre Jean d'Armagnac, évêque de Castres, lors du procès du duc de Nemours, son frère.

Il fit plus : ayant appris que les fils de ce duc languissaient dans la misère, sous l'oppression de personnes avides qui jouissaient en partie des biens de leur père, il les leur fit restituer, leur assigna des rentes considérables et leur donna le comté de Châtellerault. Les bontés du monarque s'étendirent sur les filles qu'il avait laissées aussi (il avait trois fils et trois filles), et il leur procura des établissemens dignes d'elles. L'aînée fut mariée au connétable de Bourbon, et les deux autres contractèrent des alliances dans la maison de Rohan.

Ces trois enfans, les seuls héritiers, les derniers descendans de la maison d'Armagnac, se succédèrent les uns aux autres, n'ayant pas eu d'enfans eux-mêmes. Louis

---

(2) Relation de l'assemblée de Tours dans l'hist. du Languedoc. Manuscrit de madame de Monlezun Pardiac, V. aussi l'ouvrage de Masselin traduit par Bernier.

le dernier, survécut à ses deux frères; mais il mourut bientôt en combattant en Italie sous le règne de Louis XII, et avec lui s'éteignit à tout jamais cette branche de la maison d'Armagnac, qui avait commandé au pays de Lomagne pendant près d'un demi siècle, depuis l'événement de Guilhaume Garcias.

CHAPITRE X.

Anéantissement de la féodalité.

> Le pouvoir public prit alors la place
> des pouvoirs féodaux.
> (Guizot).

Au quinzième siècle la nationalité française commence à prendre un peu plus de consistance : l'esprit public se fait jour, les intérêts libéraux essaient leurs forces, les idées de réforme se propagent insensiblement à mesure que le territoire grandit et s'étend par l'incorporation des provinces. On voit surgir bientôt l'ancien système des municipalités, qui étouffées d'abord par la féodalité, viennent l'écraser à leur tour et se constituer hardiment leurs héritières. La ville de Lectoure en offre un exemple. Aussi à côté de ce pouvoir naissant, Louis XI voulut-il en élever un autre pour le contrebalancer, peut-être pour en neutraliser l'élan, mais du moins afin d'en maîtriser les progrès. Il y nomme des gouverneurs qui, relevant de lui seul et destituables à volonté, devaient nécessairement prendre chaudement ses intérêts : Il les ente sur ce pouvoir déchu de la maison d'Armagnac qui était venue si étourdiment se briser contre sa puissance ; et ce ne fut pas un des moindres actes de son habileté politique que d'avoir fait tourner à son profit une influence nécessairement prépondérante sur le peuple et qui à l'état de féodalité devait être nécessairement aussi son ennemie et sa rivale.

Pour les asseoir d'une manière imposante, il leur confia

l'administration d'une vaste circonscription territoriale. Il déclara par ordonnance (1), la ville de Lectoure et ses dépendances *unies et incorporées* au domaine de la couronne, et envoya Villères, évêque de Lombez, vers les habitans des quatre vallées, d'Aure, de Magnoac, de Barousse et de Neste, pour les rattacher à leur ancienne métropole, ce à quoi il réussit complétement, malgré les intrigues du roi d'Aragon (2).

Les familles les plus considérables de France ambitionnèrent ces éminentes fonctions de gouverneurs; nous voyons les duc d'Alençon, d'Albret, de Vendôme, le Sire de Bourbon, Baleins, Foutrailles, Seigneurs du Castéra, se succéder tour-à-tour au gouvernement de la ville et du pays de Lectoure, en même-temps que le siége épiscopal était occupé par des personnages non moins recommandables, les Peyrac, les du Puy, les Andréas, les Amaury, enfin l'espagnol Hugo, qui publia, pour son chapitre de Lectoure, un réglement dont les sages dispositions furent approuvées avec empressement par le pape Innocent VIII (3).

Mais pour ne pas choquer l'amour-propre et la susceptibilité des Lectourois qu'il avait au contraire intérêt à ménager, le Roi reconnut presqu'en même-temps leurs chartes et leurs priviléges (4).

Il eut la pensée aussi d'y établir un Sénéchal. Son successeur Charles VIII, poursuivit cette idée et eut le mérite de l'exécution (5). Cette institution acquit tant d'importan-

---

(1) Les lettres patentes, sont du mois de mai 1475. (Délibérat. de la comm de Lectoure.).
(2) Brugèle (chron. d'Auch).
(3) Gall. christ.
(4) Voir aux pièces justificatives.
(5) Au mois d'octobre 1490, le roi Charles érigea à Lectoure le siége de la cour de Monsieur le Sénéchal d'Armagnac. (Archiv. de Lectoure pag. 120.)

ce plus tard, qu'en 1552 elle se composait de deux présidens, cinq lieutenans, douze conseillers et que sa juridiction s'étendait dans tout l'Armagnac, comprenant spécialement les judicatures de Lomagne, divisées en quatre siéges établis à Lavit, St-Clar, Miradoux et Gaudouville, avec celles d'Auvillars et du pays de Brulhois (1).

Cependant la municipalité se réorganisait sur des bases nouvelles. La prépondérance qu'elle avait exercée primitivement sur l'administration de la cité avait un peu faibli par suite du vice de sa constitution : l'article 33 de la coutume de Lomagne appelait en effet sur la place publique, pour l'élection des magistrats, tous les citoyens de Lectoure, sans condition de cens, sans distinction d'âge, de position : aussi le jour des élections offrait presque toujours des scènes de désordre ; le sang coulait quelquefois, des dissentions de famille s'ensuivaient et l'on s'apperçut bientôt que la cabale et l'intrigue se donnaient annuellement rendez-vous sur ce terrain des agitations politiques.

On songea donc à modifier la loi électorale en abolissant le vote universel et en concentrant ce droit dans un cercle restreint qui offrit des garanties d'ordre et des conditions de durée.

Ce fut alors qu'on prit à l'unanimité cette résolution énergique et si remarquable que nous n'avons pas voulu soustraire à la juste curiosité de nos lecteurs (2).

On y décidait que les consuls sortans nommeraient dans chaque quartier dix notables qui formeraient une *jurade* ou commission chargée seule d'élire le nouveau consul.

Chaque électeur, avant de déposer son vote, devait prêter serment de nommer pour consul, « *le plus suffisant*

---

(1) Expilly (dict. hist.)
(2) Voir aux pièces justif.

» *propre et convenable pour le régime et gouvernement, profit*
» *et utilité de la chose publique* ».

En sorte qu'il n'y avait plus que soixante élisants ou électeurs dans la cité de Lectoure ; car elle était divisée en six quartiers, dont nous avons retrouvé les noms.

Premièrement *le quartier de Corhaut*, qui comprend cette partie de la ville limitée par la grande rue nommée aujourd'hui *Dufreny*, par les ramparts, par la rue de M. Masson, et au Nord par une petite rue qui sépare ce quartier de celui de Peyrisse.

Secondement, *le quartier de Peyrisse*, appelé aujourd'hui par corruption *Pegnin*, au bas du premier quartier que nous avons cité, près la *tour du Bourreau*.

Troisièmement, *le quartier du St-Esprit*, au milieu duquel se trouve l'église de ce nom.

Quatrièmement, *le quartier de Guilhem-Bertrand* ou *Guillaume-Bertrand*, qui comprenait *la grande rue actuelle*, ainsi que la rue parallèle dite de la *Providence*. La preuve en résulte d'un article de l'Obituaire de St-Gervais, dans lequel il est dit *que Monsieur de Chastenet, ancien consul, est décédé dans sa maison de Guilhem-Bertrand :* or l'habitation de Monsieur de Chastenet était la maison de Bastard.

Cinquièmement, *le quartier de Ponte-Cluse*, dont il est question dans les coutumes.

Enfin, le sixième quartier était *le quartier Constantin*, aujourd'hui la rue de M. Boutan, ou rue Lafougère. Ce nom lui fut imposé sans doute par les habitans, en récompense des services rendus par un certain Bertrand de Constantin qui avait été consul plusieurs fois.

Ces fonctions consulaires étaient *honorables* (1). Les con-

---

(1) Aussi avons-nous cru devoir rapporter aux pièces justif. plusieurs noms de consuls,

suls jouissaient de diverses prérogatives : ils portaient un costume, assistaient aux audiences solennelles de la sénéchaussée et représentaient la ville lors de la convocation des Etats-généraux de la Province.

Elles étaient *importantes* si l'on en juge par les matières qui rentraient exclusivement dans leurs attributions. Ils avaient la police de la ville; faisaient les réglemens sur les poids et mesures ; distribuaient aux pauvres le pain confisqué aux boulangers.... Ils nommaient aux divers emplois de Clavaire ou receveurs des deniers publics, aux charges de Baïles, Sergens. Ils désignaint le notaire chargé de rédiger les actes du consulat (1) et choisissaient dans le conseil un avocat qui était chargé de soutenir et développer leurs propositions, comme les commissaires du Roi le sont actuellement (2); ils proposaient l'établissement des tailles ordinaires ou extraordinaires.... Ils réglaient le mode de recouvrement des contributions, de concert avec le conseil de la Commune..... Ils accordaient enfin *le droit de bourgeoisie* après justification de qualités requises et prestation préalable d'un serment rassurant pour les autres habitans de la cité (3).... Enfin les consuls administraient les revenus de la ville qui étaient assez considérables. Ils se composaient d'impôts provenant des péages et d'une infinité de concessions; on prélevait aussi un droit d'octroi aux portes de la ville ; enfin on était assujetti aux tailles ordinaires et extraordinaires. Les forêts du Ramier et du Gayan portaient en outre un tribut à la ville de Lectoure: nous trouvons aux

---

(1) *Inventarium per me notarium subsignatum :* tels sont les termes qui finissent le protocole de tous les actes délibérés et rédigés à la Commune (archives de Lectoure)

(2) Voir aux pièces justif. une délibér. de la Commune.

(3) Voir aux pièces justif.

archives le produit d'une tuilerie affermée 500 f. par an (1). Indépendamment de la monnaie de cours dont nous avons parlé à la page 73, nous rencontrons ici de nouvelles pièces mises en circulation, le Double ou Doublon, le Mouton, l'Arnaudenc ainsi appelé sans doute du nom de celui qui avait eu le privilége de le battre (le comte Arnaud.)

Les fonctions consulaires ne duraient qu'un an. A la fin de leur mandat les consuls sortans faisaient dresser par le notaire un inventaire des meubles et un état des biens immeubles appartenant à la communauté et les faisaient signer pour décharge par les nouveaux consuls (2). On ne peut se faire une idée de l'exactitude de détails, de la minutie même qu'ils apportaient dans cette opération (3). Nous rapportons un inventaire aux pièces justificatives : on y verra surtout que l'artillerie de la ville était assez considérable. On trouve dans certains autres documens de ce genre que la ville posséda jusqu'à quatorze et même vingt pièces en fer ou en fonte, sans compter les mousquets, arquebuses et pétards. Ils en prêtèrent même à diverses reprises au roi de Navarre, qui avait eu recours à la ville de Lectoure comme à un arsenal (4).

Enfin, les Lectourois remplaçaient par de nouvelles pièces celles qui étaient détériorées ou dont la refonte était devenue indispensable, comme cela résulte d'une note où

---

(1) En 1441... (Archives pag. 24 verso).
(2) Aliis dominis consulibus futuris sive ectis : Dicti domini novi consu-
» les dixerunt hæc omnia benè audivisse. Præterea prædictum inventarium
» et omnia in eo contenta.... De quibus dicti domini consules requisive-
» runt instrumentum (acte, protocole final des inventaires). (Archives de
» Lectoure).
(3) Voir aux pièces justificatives.
(4) Archives de Lectoure, pag. 160 — 163.

nous lisons : « Qu'Estienne Carreton et Michel Torreilh, » apothiquaires, reçoivent des mortiers en contre eschange » du cuivre, pour mettre à la fonte de l'artillerie refondue » au mois d'octobre 1586. » (1).

Telle était donc alors l'administration de la ville. Les trois pouvoirs, *Royal, Judiciaire, Municipal*, s'y trouvaient constituées, pondérés, garantis par des élémens sagement combinés entr'eux.

Reprenons notre narration.

Nous avons laissé la ville de Lectoure incendiée, pillée, mise à feu et à sang par les troupes de Joffridy.

Une nouvelle population surgit de ces ruines et l'on aurait dit qu'elle avait puisé dans le dernier souffle de ses pères cet esprit de liberté, cet instinct de patriotisme, cette ardeur courageuse qui les caractérisaient. En effet, la ville avait été tellement maltraitée, qu'elle serait démeurée déserte, si une foule de familles des environs n'étaient venues s'y établir et la repeupler : on trouve le nom de plusieurs de ces familles dans les actes de prestation du serment pour acquérir droit de bourgeoisie.

Toujours le même soin, la même préoccupation quand il s'agit de leurs chartes; toujours le même empressement à les faire approuver et ratifier par les rois qui se succèdent au trône de France.

Mais bientôt commencèrent ces guerres de religion auxquelles tant de villes dûrent leurs calamités : celle de Lectoure n'y put échapper. Tour-à-tour prise et reprise, pillée, saccagée tantôt par un parti, tantôt par un autre, son histoire dans ces temps d'exagération fanatique n'est qu'une longue série de désastres.

---

(1) Archives de Lectoure, pag. 261 verso.

CHAPITRE XI.

Guerres de Religion.

>Est-il possible de vivre en paix avec
>des gens qu'on croit damnés ?....
>(J. J. Rousseau.)

La sévérité du gouvernement, les rigueurs des corps parlementaires, la sagesse même des États n'avaient pu arrêter la marche rapide du calvinisme dans les provinces, et ce fut alors que les discordes civiles et religieuses produisirent les plus horribles déchiremens.

Nous ne pouvons avoir la prétention de donner une esquisse de cette époque, à la fois si brillante, si désastreuse et cependant si instructive des guerres de religion dans notre pays. Jusqu'ici nous avions entrepris une narration particulière sur des documens épars quelquefois inédits, toujours recueillis après de pénibles recherches, déchiffrés avec une grande patience, la plupart incomplets et dont nous avons essayé de combler les lacunes avec le secours de l'histoire générale : maintenant nous ne saurions mieux faire que de renvoyer à ces mémoires du temps, si remarquables par la peinture des mœurs, l'esprit de l'époque, animés par les passions de ceux qui les écrivaient avec une énergie mêlée d'abandon, de féroce naïveté et surtout par un coloris local qui les rend si intéressans.

Nous renvoyons à la fin de l'ouvrage la relation du

siége de Lectoure par le maréchal Blaize de Montluc (1), nous contentant de rappeler qu'après divers assauts inutilement tentés Montluc accepta avec empressement une capitulation que le commandant de la place, Brimond, lui proposa, et qui est assez honorable pour les assiégés. Il y est expressément stipulé « qu'ils sortiraient de la ville
» enseignes déployées, tambour battant, avec bagages,
» et seraient conduits sains et saufs jusqu'aux fron-
» tières du Béarn : qu'on oublirait tout le passé ; qu'il se-
» rait permis aux protestans de vivre en liberté de cons-
» cience ; de faire dans leurs maisons l'exercice de leur
» religion, et que tous ceux qui étaient détenus à Flo-
» rence et à Terraube seraient mis en liberté sans ran-
» çon. » (1562)

» Toutes ces conditions furent observées avec une bon-
» ne foi et une religion qui surprirent (dit l'historien de
» Thou) (2); quelques-uns même admirèrent l'équité et la
» modération de Montluc ; d'autres crurent que ce n'était
» ni bonne foi ni équité de sa part, mais qu'il craignait que
» s'il tardait plus long-temps à accorder les articles de la
» capitulation, Burie ne vînt dans le camp et ne lui enle-
» vât, par sa présence, la gloire d'avoir forcé Leytoure à
» se rendre.» En effet, Burie avait une telle idée de la force de cette place, qu'il avait mandé à Montluc que, si dans deux jours il ne l'avait emportée, il l'abandonnât pour venir le rejoindre. Il n'est pas étonnant que cette ville eût la réputation d'une place forte : c'était aussi l'opinon qu'en avait eue François II, lorsqu'en 1559 il exempta pendant un certain temps les Lectourois de toutes tailles et impositions, à condition qu'ils relèveraient les boulevarts, creuse-

---

(4) Voir aux pièces justificat.
(2) Mémoires de de Thou

raient les fossés, répareraient les forteresses d'une ville qu'il regardait comme « le bastion et défense du pays d'Armagnac et Gascogne, en son royaume. » (1).

Le parti de la réforme, vaincu et dispersé par l'expédition de Montluc, on sentit la nécessité d'envoyer à Lectoure un de ces personnages dont le nom et le caractère étaient propres à exercer quelque influence sur les esprits, dans l'intérêt du catholicisme et du trône.

Ce fut le bâtard Charles de Bourbon, fils naturel d'Antoine, roi de Navarre, et de Louise de la Beraudière *non conjuge sed amicâ*, nommé évêque de Lectoure *quamvis nundùm præsbiter*.

Les catholiques et les protestans éprouvent de la difficulté à établir leur bannière d'une manière fixe à Lectoure, puisque nous voyons les deux religions presque constamment aux prises et se repoussant alternativement l'une et l'autre.

En effet, le fameux duc de Rohan, cet ami d'Henri IV, si laudifié par Voltaire, le chef des calvinistes sous Louis XIII, vint à Lectoure après avoir traversé la Provence, où il laissa, du moins quand aux arts, des traces de son vandalisme en faisant couper, pour faciliter le passage de son artillerie, un tiers de l'épaisseur des piles du second rang du pont du Gard.

Il arriva à Lectoure le 24 octobre 1615, et assiéga le château avec une armée de trois mille hommes.

La ville était complètement désarmée ; il put y entrer librement : le château seul était en état de défense ; car peu de jours avant, le gouverneur de la ville, Fontrailhes, craignant une émeute, avait fait transporter au château les

---

(1) Aux pièces justif.

armes et l'artillerie, qui se trouvaient auparavant à l'hôtel de la municipalité. Rohan s'en rend maître, les protestans s'y établissent de nouveau, on est obligé de tranférer le sénéchal à Auch : plus tard il y sera rétabli, lorsque le duc de Roquelaure viendra les en chasser pour toujours. Cependant avant de quitter Lectoure, Rohan l'avait rançonnée en lui faisant payer six mille livres, « lesquelles il re-
» çut, disent les chroniques, et s'en mena une des grosses
» coulouvrines et une des médiocres qui furent conduites
» à Monhurt par Monsieur de Pardailhan-Gondrin, du
» consentement dudit sieur de Fontrailhes.» (1).

La ville était épuisée par une longue souffrance. Elle venait de supporter un de ces fléaux terribles qui déciment et démoralisent les populations. La peste avait envahi Lectoure en 1588.

En vain les consuls avaient-ils pris toutes les précau-

---

(1) L'an 1616 et le premier de janvier estans entrés en charge consulaire les sieurs de Garros jadis conseilher, Blanchard avocat, Aignan Bourgeois, Lafont secrétaire du Conseil, Irage Marchant et moulas, et voulant procéder à la faction de l'inventaire et à cest effaict ayant appelés Mrs les consuls sourtans de charge les quels auraient déclarés qu'il n'y avait nulle sorte d'armes ny munissions ayant esté le tout retiré par le sieur de Fontrailhes ainsi qu'appert de son receu escript au libre des recorts fuilhet 274 en date du 14 octobre 1615.

Servira aussi de mémoire comme monsieur de Rohan vint en ville le vingt-quatre octobre au dict an 1615 qui assiégea le château avec une armée de troys mille hommes qui demeura huict jours entiers dans la ville et juridiction et pour se retirer la dite ville feust rençonnée à six mille livres les quels le dit sieur de Rohan reçeut et s'en mena une des groses couloubrines et une des médiocres et conduites à monhurt par Mr. de Pardailhan-Gondrin du consentement du dict sieur de Fontrailhes..... Et à cause d'un mouvement et grand trouble qu'il y avaict dans la ville n'auroict esté faict aulcun inventaire....., Aussi ne feust trouvé dans la maison commune nulle sorte d'armes ayant esté le tout apourté dans le château.

(Chroniques de Lectoure pag. 255.)

tions nécessaires en pareil cas. Ils eurent beau réparer les murailles, établir des barrières aux portes, soumettre à une quarantaine sévère les personnes, les marchandises et les approvisionnemens, tout avait été inutile : ils étaient allés jusqu'à faire sortir les malades de la ville pour les camper sous des tentes, en plate campagne, les obligeant ainsi à abandonner leurs familles, mesure cruelle, mais justifiée par la nécessité impérieuse de salubrité publique ; « En » moins de neuf mois, dit la chronique des Carmes, on » compta quatre mille victimes de ce fléau (1), » et d'après une note trouvée dans les archives de Lectoure (2), « la dé- » pense pour l'aumône faite aux pestiférés qui estaient » hors de la ville, montait à la somme de onze cents qua- » rante livres sept souls quatre deniers. »

Les religieux Carmes se signalèrent dans cette circonstance par un dévoûment qui ne pouvait se puiser que dans les sentimens de la plus grande charité évangélique. Aussi est-il juste, ce semble, de dire un mot ici de leur ordre et de ceux qui s'étaient établis à Lectoure.

Les Carmes appelés en Angleterre vers la fin du 9me siècle par les rois Anglais, s'établirent dans la Guienne et particuliérement à Bordeaux en 1098 : de là ils passèrent en Gascogne et arrivèrent à Lectoure en 1184.

Leur couvent fut bâti hors des murailles de la ville, à côté de la fontaine de Hontelio, sur un terrain appelé encore aujourd'hui le *Martisat* en commémoration du martyre de St-Clair.

Les Carmes habitèrent ce premier couvent jusqu'à l'époque où Jean V le fit démolir pour mieux résister aux trou-

---

(1) Extrait des archives du couvent des Carmes de Lectoure, par le père Candelon, religieux.
(2) Archives de Lectoure, 1588, (pag. 248 verso).

pes de Louis XI. Afin de les indemniser, le Comte leur donna le terrain qui s'étendait depuis l'hôpital, jusqu'à la place du Marcadieu, et de plus les revenus du comté de Brulhois pendant trois ans.

Après la mort de Louis XI, Charles VIII mit les terres d'Armagnac entre les mains du comte Charles son frère et lui donna pour curateurs les barons de Marestang et de Mauvaizin.

Au lieu de se conformer aux volontés de Jean V, ceux-ci obligèrent les Carmes à renoncer à leurs prétentions et à consentir par transaction à la rente du passage de Leyrac, évaluée à cent livres par an, et ce, pendant six ou sept ans au plus.

Mais un seigneur de Buzet donna au Prieur de St-Gény, une maison située dans la ville, et concéda aux Carmes celle qui lui revint de l'échange fait avec le Prieur. La chapelle qui fut bâtie dans ce lieu existe encore aujourd'hui, du moins en partie.

En 1537, Guilhaume de Voisin, Baron de Montaut fit agrandir l'église, ainsi qu'il conste d'une inscription enchassée dans le mur de l'église du côté de l'évangile.

Le Calvinisme s'étant répandu dans le midi de la France, les Carmes furent chassés de Lectoure. Blaise de Montluc les y rétablit. Charles IX étant mort, les Carmes furent obligés de nouveau de s'expatrier.

Un seul Carme, le père Candelon échappa à la fureur des hérétiques, et c'est à lui probablement que nous devons cette partie des notices.

Le reste du couvent fut converti en un moulin à poudre par les Hugenots; c'est la partie voûtée qui sert aujourd'hui de sacristie. (1)

---

(1) Extrait des archives du couvent des carmes, communiqué par M. l'abbé Sentis.

(145)

Les Dominicains ou Jacobins avaient été tracassés dans leur couvent situé au faubourg, actuellement la Maison Bourgade. Ils se retirèrent aux Carmes avec le chapitre de la ville, admis comme eux à partager les ressources de cet asile un peu plus assuré.

Il y avait encore les *Cordeliers*, dont le couvent est devenu depuis la Maison d'arrêt de la ville. Ils s'appelaient aussi *frères Mineurs* dont nous avons parlé à la pag. 46 suprà ;

Les *Augustins* qu'on croit avoir été d'abord les chanoines du chapitre, sécularisés plus tard; *Les Capucins* qui logeaient dans ce grand bâtiment occupé aujourd'hui par M. Chapoulié;

Les *Cléristes* ou *Urbanistes*, à la rue Ste-Claire (Il en est question dans une lettre de Jean XII, année 1324, n° 1947 du registre) ;

Les *Carmelites*, qui existent encore (en 1734, M. d'Aignan du Sendat, vicaire-général d'Auch, en fut nommé le supérieur) ;

Les *Doctrinaires*, au collége;

Les *Sœurs Grises*, à l'hôpital ;

Enfin, les *Providentes* qui demeuraient dans le quartier de Guilhem-Bertrand.

Si nous sortons des murailles de Lectoure, nous trouvons un autre couvent de moines à St-Génie (1), et les Bénédictins de l'ordre de Citeaux, dont les ruines sont cachées par l'épais feuillage de la forêt du Ramier. (2) (Bouilhas).

---

(1) Voir aux pièces justif.
(2) Brugèle, chron. d'Auch.

CHAPITRE XII.

Suite et Fin.

> Series juncturaque......
> (Horace).

Nous ne devons pas oublier un événement aussi important que celui du passage d'Henri IV à Lectoure. Il y arriva en effet le 23 mars 1576, et son premier empressement fut de se rendre à cheval à l'Hôtel-de-Ville pour y recevoir, de la part des autorités, les honneurs dûs à son rang ainsi que l'hommage et le serment de fidélité. Il jura à son tour de conserver de tout son pouvoir leurs chartes et leurs priviléges « rédigés, dit l'acte, en un livre de bois, le des» sus en bazane rouge, écrit en parchemin, que ledit sei» gneur Comte a touché de ses propres mains. » (1) A son avènement au trône, il renouvela cette assurance (2).

Louis XIII les approuva aussi le 11 juillet 1613 (3). Le 9 avril 1617 il rétablit, à Lectoure, le sénéchal qui avait été transféré à Auch par lettres patentes du 4 décembre 1615; mais il reconnut ensuite qu'il y avait quelque chose de

---

(1) Délib. de la munic. de Lectoure.
(2) La cérémonie eut lieu le 9 décembre 1608. Délibérat. de la municip. du 9 novembre 1788.
(3) Délib. de la muni. 9 novembre 1788.

plus à faire dans l'intérêt de la bonne administration de la justice, et au mois de décembre 1621, il transporta à Lectoure le siège d'un présidial. « Etant dûment informé » que ses sujets du comté et de la sénéchaussée d'Armagnac, » qui est de grande étendue, reçoivent un notable préju- » dice du défaut de cet établissement; voulant en outre » gratifier la ville de Lectoure *de quelque titre d'honneur* » *plus relevé* » (1). C'était on ne peut plus gracieux; mais il avait vu les choses de près, puisqu'il date son édit de Bordeaux.

Les présidiaux en effet, institués en 1551 par Henri III, et substitués aux justices des baillis et des sénéchaux, avaient pour mission de juger en dernier ressort ou par provision toutes les affaires de peu d'importance : c'était le moyen de remédier à une foule d'inconvéniens, d'arrêter ces innombrables petits procès dont les *appellations* occasionnaient aux plaideurs des frais énormes et des désagrémens sans fin, en les obligeant de quitter leurs demeures et d'abandonner leurs affaires, pour aller plaider dans des parlemens souvent très-éloignés de leur domicile.

Le Roi voulut que le présidial de Lectoure fut à la hauteur de son mandat. Il étendit sa juridiction, augmenta considérablement son personnel, et lui donna des appointemens en rapport avec la dignité de sa position (2).

Déterminé par des besoins impérieux, Louis XIV s'adressa à la ville de Lectoure et en obtint un don de 4,000 livres à titre de subvention annuelle. Il en régla la perception par lettres patentes portant : « que l'imposition s'en fera en la » manière accoutumée sans déroger aux droits, priviléges, » coutumes et usages de la ville. »

---

(1) Préambule de l'édit : voir aux pièces justif.
(2) Voir l'édit : aux pièces justif.

Il les confirma par décision du mois de mars 1680, enregistrée au parlement de Toulouse, le 16 avril suivant (1); et il donna une marque non équivoque de sa reconnaissance en ordonnant la fondation d'un hospice général à Lectoure.

Déjà l'évêque Hugues de Bar lui avait présenté un mémoire constatant les avantages immenses qui pourraient en résulter pour les habitans. Les lettres patentes furent signées dans le mois de décembre 1677, à St-Germain en Laie. Elles portaient que : « le Roi dit, statue et ordonne
» qu'il soit établi à Lectoure un hôpital général, où les
» pauvres mendians, valides ou invalides, de l'un et de l'au-
» tre sexe, seront entretenus et élevés, à la piété et aux
» arts, par les soins des administrateurs dudit hôpital.....
» Que ledit hôpital sera exempt de la juridiction, visite et
» supériorité des officiers de la générale réformation et de
» la grande aumônerie de France... Que pour en faciliter
» l'établissement, l'hôpital des pauvres malades de la mê-
» me ville lui serait uni et incorporé avec tous ses biens,
» rentes et revenus pour ne faire qu'un seul et même hô-
» pital, à la charge d'y conserver un lieu et des revenus
» pour soigner les pauvres malades... Que les administra-
» teurs dudit hôpital général pourront acquérir les mai-
» sons et héritages voisins dudit hôpital des malades, sui-
» vant qu'ils le jugeront nécessaire pour loger commodé-
» ment lesdits malades... Enfin, que cet établissement sera
» affranchi des paiemens de toutes tailles et impositions
» ordinaires et extraordinaires...»

Cependant l'exécution de ce plan ne put avoir lieu. L'hospice des pauvres était situé dans le local occupé au-

---

(1) Délibérat. de la comm. de Lectoure.

jourd'hui par la gendarmerie, sur les murs de la ville. Ce bâtiment ne pouvait être agrandi ; on ne pouvait interdire à la circulation les rues qui l'avoisinaient, et la chose demeura ainsi quelque temps inexécutée.

Un autre évêque, monsieur de Narbonne-Pelet, s'adresse au Roi Louis XV : il lui présente l'autorisation que son père avait donnée, les vœux qu'il avait fait pour l'érection de ce monument, l'impossibilité d'exécution sur le terrain actuel ; « et cependant, ajoute-t-il, les motifs qui
» avaient engagé le feu roi à donner les lettres patentes,
» sont devenus plus pressants que jamais. Pourquoi ne pas
» transporter l'hôpital au vieux château des Armagnac ?
» Il appartient au Roi ; le Roi peut en disposer ; les pau-
» vres le béniront... »

Louis XV adopte avec empressement cette idée, et par ordonnance en date du 9 décembre 1758, « il fait dona-
» tion au sieur de Narbonne-Pelet d'un vieux château à
» lui appartenant, situé dans l'enceinte et à la pointe de
» la ville de Lectoure, sur l'escarpement, du côté du cou-
» chant, ainsi que de toutes les dépendances comprises
» dans l'enceinte de ce château, à la charge, suivant les of-
» fres faites par l'évêque de Lectoure, d'y faire construire,
» à ses frais et dépens, l'hôpital général dont l'établisse-
» ment avait été ordonné par lesdites lettres patentes de
» 1677 » (1). Le digne evêque mit la main à l'œuvre dès l'année suivante ; mais la mort ne lui permit pas d'achever son ouvrage, et ce ne fut qu'en 1808 qu'on termina l'aile du sud qui complétait ce magnifique bâtiment.

En 1780, la ville de Lectoure prend une détermination qui démontre assez la générosité de son caractère et son attachement à la vieille dynastie : *elle augmente volon-*

---

(1) Archives de l'hôpital.

tairement ses impôts d'un neuvième. Louis XVI fut si touché d'un pareil procédé, qu'il n'accepta que la moitié des offres : mais, autant les Lectourois s'étaient montrés bienveillans et désintéressés en faisant ce sacrifice volontaire et spontané, autant leur esprit s'anima d'une énergique irritation, quand ils se trouvèrent choqués par un arrêt du conseil qui touchait à leurs priviléges et nuisait considérablement à leurs intérêts.

Ce fut alors qu'ils prirent à l'unanimité cette fameuse délibération du 9 novembre 1788, qu'on peut lire encore dans les archives municipales et qui se distigue par un style ferme et vigoureux, quoique respectueux pour le trône et la personne du souverain. Pour bien se pénétrer de l'objet de la délibération municipale dont il s'agit et de son importance aux yeux des citoyens de Lectoure, à l'époque où elle fut prise et rédigée, il faut savoir qu'en vertu de ses coutumes, reconnues et confirmées soit par les rois d'Angleterre, en leur qualité de ducs de Guyenne, soit par tous les rois de France, depuis Charles V, en 1369, jusqu'à Louis XVI, cette ville jouissait du droit ou privilége des anciens municipes Romains, de se gouverner elle-même et par ses propres lois, sous l'autorité ou plutôt sous la protection du pouvoir souverain, et qu'elle n'était tenue à d'autres contributions et soumise à d'autres charges urbaines envers le roi de France, son seigneur, qu'à *un don gratuit annuel*, converti en *abonnement*, qu'elle paraissait voter *librement* et *volontairement*, et qu'après s'être imposée elle-même, elle faisait percevoir par ses propres agens, qui en versaient *directement* le montant entre les mains du receveur-général des finances de la généralité. A la suite de l'accomplissement de cette formalité, arrivait chaque année une lettre de remercîmens écrite dans les termes les plus gracieux, au nom du Roi, au Maire et aux conseils de la communauté.

Cet ordre permanent de choses, ayant été contrarié et changé par l'arrêt du conseil du Roi, portant organisation et règlement de l'assemblée provinciale de Gascogne, instituée cette même année 1788, dès que le corps politique de la cité de Lectoure eut connaissance officielle de cette disposition souveraine, il protesta vigoureusement contre sa teneur, en ce qui concernait les nouveaux rapports de la Commune avec l'Administration, refusant de se soumettre à toute innovation portant atteinte aux immunités de la première, en appelant à cet effet à la justice du monarque, et se mettant même, en tant que de besoin, sous la protection du parlement de Toulouse, comme la sauve-garde et le défenseur né des libertés municipales dans son ressort.

Avec des dispositions pareilles, les Lectourois dûrent accepter avec enthousiasme les idées de 1789 ; aussi aux premiers cris de la patrie en danger, une foule de jeunes gens s'élancent du sein de leur ville natale pour aller cueillir des lauriers sur tous les champs de bataille de l'Europe.

Plusieurs reviennent avec les épaulettes de général.

Le juge-mage Laterrade va les chercher sur les frontières d'Espagne.

Le 1er consul les donne à Soulés avec un sabre d'honneur au passage du Tagliaminto.

Lagrange les trouve aux pieds des Pyramides.

L'impétueux Bannel jette les siennes à l'ennemi devant le château de Cossaria, où il se fait tuer par dépit d'avoir été appelé à commander de la cavalerie dans un pays où elle ne peut manœuvrer.....

Enfin la ville de Lectoure vient de remercier par une magnifique statue un de ses enfans qui lui avait apporté le bâton de maréchal. C'est Jean Lannes, dont l'aide-de-camp, le général Snbervic, représente actuellement ce pays à la Chambre des Députés.

« Le peuple est civil et courtois dans cette ville de Lec-
» toure, disait l'historien Belleforest en 1574 ; ses habitans
» sont adonnés à la connaissances des choses ; il y a peu
» d'artisans, chacun vivant de ses rentes, car le paysage est
» fertile en bleds et en vins et auquel ne manque chose né-
» cessaire pour la vie des hommes........ » On dirait ces li-
gnes écrites d'hier..........

FIN.

AUCH, IMPRIMERIE DE J. FOIX.

PIÈCES JUSTIFICATIVES.

EXTRAIT DE LA CHARTE DE LESCAR :

« Post obitum Beati Galectorii, episcopi et martyris, extit quædam gens Gundalorum, et destruxit omnes civitates Gasconiæ, et corpora sanctorum quæ invenit destruxit, et subvertit flammis et igne. Inter has civitates quæ destructæ fuerunt, fuit Aquis, Lauscurris, Olorensis Ecclesia, Tarbæ, civitas Auxiensis, civitas Elicina metropolitana, Cosorensis, Convenasi, Lectorense, Sosiense, Basatense, Laburdensi. Et sedes Gasconiæ fuerunt in oblivione multis temporibus, quia nullus episcopus in eas introivit. »

EXTRAIT DE LA CHARTE DE GASCOGNE :

« Ac demùm in suâ confidentes audaciâ paulatimque ulteriùs progredientes, Lectorense oppidum, cum suis misellis præoccupaverunt indigenis, quos cum sævissimus illorum numerus delævisset, dissipatis mœniis, quæque utiliora secum auferentes, cœtera tantùm flammis exurere aggrediuntur : non enim eâ tempestate talis murorum fortia atque incolarum audacia erat sicut nunc cùm bonum habeant dominum ac principem, etc »

LETTRES PATENTES DE PHILIPPE-DE-VALOIS (1333).

« Nos autem ad supplicationem consulum, juratorum et habitatorum
» civitatis et villæ de Lectora quos favore benevolo prosequi volumus
» gratiosè, ipsos que in eorum libertatibus immunitatibus, franchesias,
» usibus et costumas quibus hactenùs usi sunt pacifice manuteneri et
» etiam foveri prædicta omnia et singula indictis litteris contenta rata
» habentes et grata ea volumus, laudamus, ratificamus, approbamus et
» autoritate regia tenore presentum confirmamus, salvo jure nostro quo-
» libet alieno quod ut firmum et stabile permaneat in futurum, presentes
» litteras sigilli nostri fecimus impressione muniri.
» Datum apud nemus-viennium (Vincennes) anno domini millesimo-
» tregentesimo-tregesimo tertio mense Januarii (1333).
» Et erat scriptum supra margine inferiori litterarum : per dominum
» regem, ad relationem domini Raymondi Saguety et domini Severini
» de Piquaver.
» Facta est collatio cum originali de verbo ad verbum (mot-à-mot)
» per mestré Caisuot. »

RAPPROCHEMENT DES DISPOSITIONS COUTUMIÈRES SUR L'AUGMENT DE DOT.

Lectoure et pays de Lomagne.

« Le futur gagne la jouissance de l'entière constitution ; et la future la jouissance d'un tiers pareil à celui de sa dot. »

Fleurance.

« Le futur a la jouissance de l'entière dot de la future ; celle-ci gagne en propriété et en augment un tiers pareil à celui de sa dot. »

Fezensaguet (Mauvezin).

» La future gagne en propriété une moitié pareille à la moitié de sa constitution ; le futur gagne la jouissance de la totalité de la dot de la future. »

Auch.

« Item est coutume que les femmes de la ville et cité d'Auch ne gaigneront rien des biens du mari, le mariage durant, vu qu'elles ne peuvent rien perdre, ains ayent leur dot.......... Excepté cela que selon l'estimation des robes nuptiales qui furent faites au temps que les robes furent faites, Icelles leur soient rendues, le mariage deffait, avec le prix de l'estimation du lit en la cité susdite. (*Art.* 52, *coutume de* 1301). »

LETTRES PATENTES DE CHARLES V.

Karolus Dei gratiâ Francorum Rex cælestis altitudo potentis quæ super cuncta tenet imperium et quæ nos suâ benignâ disponente gratiâ stabilivit in regem et ad Regni fastigia provexit, divinitus nos admonet ut ipsum regnum et ejus subditos et benevolos in pacis tranquilitate tenere et fovere et circà ea quæ ipsius regni et nostrorum subditorum præsertim illorum qui in his quæ Regiæ majestatis conveniunt deveniunt petitiones suas æquitati et rationi consonas exaudire teneantur, eosque favoribus, commodis et gratiis benigniter ampliare, sanè considerantes grata et laudabilia servitia quæ dilecti et fideles nostri *Consulenses, Burgenses, Mercatores et habitatores civitatis et villæ Lectorensis* nobis fideliter impenderunt qui tanquàm boni, veri et fideles et in perfecta voluntate persistentes nos in suum naturalem et superiorem dominium cognoscentes *se in nostrâ obedientiâ liberè ac volontariè reddiderunt.*

Notum igitur facimus universis tàm præsentibus quàm futuris quod nos his et pluribus aliis justis et legitimis causis et considerationibus, animum nostrum ac hoc moventibus, ipsorum Consulum, burgensium, mercatorum et habitatorum Lectoræ nobis presenti favore benevolo moventes eisdem *Consulibus, burgensibus, mercatoribus et habitatoribus omnibus et singulis ejusdem civitatis et villæ Lectorensis cujuscumque status sexûs, vel conditionis existant*, ex plenitudine potestatis Regiæ certâ scienciâ et gratiâ speciali nostris, *Consentimus* et *Concedimus* per præsentes ut ipsi omnes et singuli et eorum hæredes et successores præsentes et futuri ex nunc et in posterum perpetuis temporibus ad quascumquè Civitates, villas, Castra, terras et loca Regni nostri ubicumquè in dicto regno nostro existant *ire et se transferre, morari et remanere, resque mercimonia, et mercaturas et alia bona sua quæ licita portare, ducere et conducere, seu portari et conduci facere et de illis mercari, illas que vendere et omnia alia sua negocia* dolo et fraudo cessantibus possint et valeant exercere et complere, illas que non vinditas et aliâ mercimonia, merces et mercaturas quascumquè licitas emere et emi facere, et in dictis civitatibus, villis, castris, terris et locis stare, remanere et ad loca sua per se vel per alios conducere et conduci facere quotiescumque voluerint, et eisdem videbitur expedire sub securo conductu ac protectione et salvagarda nostris, absque eo quod ipsi consules, burgenses, mercatores, et habitatores ipsius civitatis et villæ *Lectorensis* et eorum hæredes et successores et singuli eorum præsentes et futuri pro emptione dictarum mercimoniarum et mercaturarum aut aliorum bonorum quorum-cumquè per eos seu emptores, *impositionem, subsidium, Gabellam, pedagium, leudam et quamcumque aliam executionem tam pro redemptione inutile recordationis, carissimi Domini et genitoris nostri qui alias in regno nostro nunc impositas et de cætero imponendas, solvere teneantur*, quos quidem emptores dumtaxat ab eisdem impositionibus, subsidiis, gabellis, pedagiis, leudis et quibuscumque aliis executionibus pro dictis mercibus, mercimoniis, seu mercaturis per eos et eorum singulos emptis ut premissum est, perpetuis temporibus esse volumus quietos penitùs et immunes dantes tenore presentium in mandatis senesquallis Tolosæ, Carcassonnæ, Ruthenensis, Bellicadri, cœterisque senescallis Bailivis præpositis, judicibus, thesauriis, Capitaneis ac bonarum villarum, castrorumque et fortarissiorum, portuum et passagiorum, seu districtuum quorumque custodibus, receptoribus, pedegiariis, seu impositoribus aliis que justitiariis, officiariis et subditis quibuscumque locis Regni nostri constitutis, modernis et posteris, seu corum locatenentibus, et cuilibet eorum-dem pro ut ad cum pertinuerit quatenus præfatos consules, burgenses, mercatores, et habitatores civitatis et villæ *Lectorensis* aut eorum successores et singulos eorumdem præsentes et posteros contra tenorem nostræ presentis graciæ et concessionis nulla-tenùs molestent, et impediant, seu perturbent, aut molestari, impediri, seu perturbari permittant à quocumque, imo et ipsos et eorum singulos, ac suos hæredes et successores de cœtero, uti pacificè faciant et gaudere.

Quod ut firmum et stabile perpetuo perseverit, nostrum præsentibus litteris fecimus apponi sigillum, salvo in aliis jure nostro, et in omnibus quolibet alieno.

Datum apud nemus-Vencenii anno Domini millesimo-trecentesimo-sexagesimo-nono, regni nostri sexto, mense maii.

Sic signata per Regem.   DE BEYRES, *visa.*

LISTE DES SOUSCRIPTEURS POUR LES NOCES DE JEHAN IV.

Las causas dejus scriutas feron presentadas et donadas per las gens dejus scriptas per los cosseilhs deu dit an stant cosseilhs moss........

Et bailhadas à Johan de Cory, thesaurie de Lomagna de l'an 449. Et asso per las festas de las nossas de mouss. lo Comte quand foc spos de la filho deu rey de navarra per la maniera et forma que s'en siec.

An offert mᵉ. Johan Daymé jutgé de Lomagna, un brau foc stimat 6 francs de Rey.

Bidou Delas quatre baquas foron stimadas 26 florins.

Bertrand Plessa un betet foc stimat 4 flors.

Bernat de Cayron un betet stimat 6 flors.

Ramon de Cayron dux betets stimats 8 flor.

Guilhem de Laffont alias Carmoilh 1 betet stim. 4 flor.

Domenges Lacarera 1 bet. st. 4 flor.

Domenges de Laumet 8 motos estimats cuscun a 16 doubles motos 19 flor.

Johan deu Cat 6 motos a 16 doubl. cuscun feron stimats balou 6 flor.

Ramon Lacarera et sous coumpagnous 4 motos à 18 doubl. cuscun montant 5 flor.

Item porailha enclus 1 pareilh d'auquas et 2 pareilhs 65 pareilhs a duas doblas lo pareil montant 9 flor.

LETTRES PATENTES DE CHARLES VII (1448).

Quæ omnia et singula superius inserta et narrata rata et grata habentes, ea laudavimus ratificavimus et approbavimus, laudamus, ratificamus et approbamus, ac de nostra speciali gratia et autoritate regia confirmamus ipsis supplicantibus, suisque hœredibus et successoribus et posteris, exceptis contentis in primo articulo in quo cavetur quod consuetum est in *civitate Lactorensi* in casu quo guerra esset seu discordia movetur *in dicta terra Lactorensi* inter Dominos dictæ civitatis Domini prœdicti ad requestam Consilii seu proborum hominum civitatis prœdictæ debent et tenentur liberare et tradere in manibus consilii seu proborum hominum ejusdem civitatis Lactorensis castra, turres et alia fortaritia quæ haberent in dictâ civitate Lactorensi, quæ castra, turres, fortaritiæ, dictum consilium aut probi homines custodire et servare tenebuntur durente dicta guerrâ et quousquè erit pax seu concordia inter ipsos Dominos in quo casu et ipso adveniente volumus et ordinamus et huic ratificationis seu confirmationis annectimus quod castra, turres et fortaritia prœdicta ponentur et remanebunt sub manu nostra tanquàm supernâ durente dictâ guerrâ seu discordia et quousquè pacificatæ fuerint quorumque tenore prœsentium senescallis nostris Tolosæ, Carcassonæ, Bellicadri, Ruthenensis, Agennensis cœterisque justiciariis officiariis, et subditis nostris mandamus quatenus dictos supplicantes, eorum etiam posteros et successores nunc et in futurum perpetuis temporibus nostris prœsentibus gratiâ ratificatione, approbatione et confirmatione privilegiorum superiùs scriptorum declaratorum in quantum rite et debite usi sunt et gaudebunt exceptione prœhabita salva uti et gaudere pacificè faciant et patiantur nihil in contrarium permitti facientes nisi ea quæ in contrarium facta essent vel forent, revocent seu reparent aut reparari faciant in delatæ, quoniam sic fieri volumus prœsentibus litteris sigillum nostrum in testimonium prœmissorum apponi faciendum, salvo in aliis jure nostro, et in omnibus quolibet alieno. Datum in oppido nostro Turronensi mense decembris anno domini millesimo-quadringentesimo-quadragesimo-octavo regni vero nostri vicesimo-septimo (sic signatum) per regem in suo consilio. DE LALOERO visa continentur et firment.

INSTRUCTIONS DE LOUIS XI A DAMMARTIN ALLANT ATTAQUER JEAN V A LECTOURE.

« Toutesfois si le sieur Barbazan ou autres se trouvent devers vous, et
» qu'ils fassent que la possession de Lectoure et autres places de par de là
» vous soyent loyalement baillées, et qu'ils fassent au surplus entière obéis-

» sance, et en ce cas et non autrement; pour supporter le pauvre peuple,
» et afin qu'ils puissent mieux payer les tailles, je suis content que l'armée
» n'entre pas audit pays; mais ne vous laissez point endormir de paroles.
» Mais aussi il me semble pour le mieux, quelque chose qu'ils vous pro-
» mettent, que vous même devez aller en personne en prendre possession,
» et qu'à nuls autres ne devez vous fier; et aussi si vous voyez qu'ils veulent
» dissimuler, et que la possession des places ne vous soit pas loyalement
» baillée, procédez outre à votre entreprise sans aucun délai, ainsi qu'il a
» esté conclud et deliberé; et me faites souvent sçavoir de vos nouvelles. »

(Philippe de Comines, édition de Petitot).

LISTE DES HABITANTS DE LECTOURE
qui reçurent des armes de la municipalité dans l'année 1412 (archives de Lectoure, page 36 recto).

L'an mil quatre cens et douze los senhos moss. Pey Dastuga, Betran de Constantin, Betran Darton, Bidau de Las e pey de Lafargua Cosselhs de l'an présent, Balhen las balestas à las personas dejus scriutas per la maneyra qué s'en siec :

1. Pey deu Castants reconegoc auer agut dels cosselhs desus dits en comanda un arc d'assé de detz cayrets e una colana, losquals jurec e prometec a rendre de jorn en jorn à la requesta dels dits cosselhs o de lors successors.
2. Guilhem deu Pleyssac idem un arc d'assé de x cayrets et una colana.
3. Guilhem de Dosset idem un arc d'assé de xii cayrets et una colana.
4. M^{tre} Bernat Brascou idem un arc d'assé de x cayrets e una colana.
5. Betran Darton idem una balesta d'assé de x cayrets tota garnida.
6. Betran de Constantin idem un arc d'assé de x cayrets et una colana.
7. Bidau de Las idem un arc d'assé de x cayrets et una colana.
8. Pey La Fargua idem un arc d'assé de x cayrets et una colana.
9. Johan de Lomanhes idem un arc d'assé e una colana.
10. Guilhem Pascou idem un arc d'assé de x cayrets et una colana.
11. Pey Desnats idem un arc d'assé de x cayrets et una colana.
12. Ramon La Casa idem un arc d'assé de x cayrets e una colana.
13. Johan den Royne idem un arc d'assé de x cayrets et una colana, losquals prometoc a redre als dits cosselhs o a lors successors de jorn en jorn a lor requesta loqual foc tramessa à Castet-Ferrus l'an 1413 per Johan de Lubet e la tornec al dit Johan den Royne trenquada : foc restituida per lo dit Johan l'an 1416.
14. Pey deu Canè idem un arc d'assé de x cayrets e una colana bielha.

Foc restituyda la colana a la bila : es en la mazon. Foc restituit lo baston en las mas deus cosselhs et foc metut en la mazon lo xvii d'octobre 1428.
15. Guiraud La Bessa idem un arc d'assè de x cayrets e una colana.
16. Bernat de Biran, sartié idem un arc d'assè de xii cayrets e una colana.
17. Guilhem Darnaudon idem un arc d'assè de xii cayrets e una colana.
18. Hugueton Roquas idem un arc d'assè de xii cayrets. L'arc foc restituit, e jurec sus los abangelis qué no abia p^{ut} de colana.
19. Maste Pey Davit idem un arc d'assè de x cayrets e una colana.
20. Maste Pey de Labat idem un arc d'assè de xii cayrets e una colana.
21. Pey deu Bergès idem un arc d'assè de x cayrets e una colana.
22. Forton de Pis idem un arc d'assè de x cayrets e una colana : loqual prometoc a restituir de jorn en jorn a lor requesta. Foc restituida per lo dit Forton ladita balesta a la biela.
23. Pey na Moliera idem un arc d'assè de x cayrets. Foc restituit l'arc e la colana ses corda.
24. Meste Odet de Bartera idem un arc d'assè de xii cayrets ses colana. Foc restituit la dita balesta a la biela l'an 1417.

LETTRES PATENTES DE LOUIS XI.

Louis par la grâce de Dieu Roi de France, sçavoir faisons à tous présents et à venir. Nous auons reçu l'humble supplication de nos bien amés les consuls manans et habitants de notre ville de Lectore contenant que Feu de bonne mémoire Philippe en son vivant Roi de France notre prédécesseur leur donna, confirma, ratifia et approuva certains privilèges, statuts et ordonnances, lesquels ont depuis été confirmés et approuvés par Feu de bonne mémoire Charles le Quint notre ayeul et semblablement par Feu notre très cher Seigneur et Père que Dieu absolve à plein, contenues et déclarées ès lettres patentes de notre Feu père données en date du mois de décembre l'an 1448 scellées en lays de soye verte, auxquelles ces présentes sont attachées sous le contre-sceau de notre chancellerie dont et desquels privilèges statuts et ordonnances iceux supplians ont depuis toujours joui et uzé paisiblement et encore font de présent, toutefois ils doutent que nos officiers ou autres leur voulsissent ci-après faire ou donner aucun empêchement en iceux s'ils n'étaient par nous confirmés ou approuvés ; et pour ce nous ont très humblement supplié et requis nos grâces de provision leur être sur ce imparties.

Pourquoi nous les choses dessus dites considérées qui desirons traiter les suppliants favorablement et en toute douceur parce qu'ils sont de présent nos sujets nuement et sans moyen, au moyen de la déclaration de la confiscation qui faite a été à notre profit des terres, seigneuries et biens de Feu Jehan comte d'Armaignac et que ladite cité, ville et seigneurie de Lectore est du présent le droit domaine et héritage de la Couronne de France et laquelle afin qu'ils soient d'ores en avant plus enclins à nous aimer et servir et être bons et loyaux à nous et à la Couronne de France nous y avons jointes et réunies joignons et réunissons par ces présentes sans ce qu'ils en puissent jamais être imparties et démembrées.

Iceux privilèges, statuts et ordonnances lesquels nous avons fait voir par aucuns des gens de notre conseil, avons auxdits suppliants confirmés, ratifiés et approuvés, confirmons ratifions et approuvons de notre grâce spéciale, pleine puissance et autorité royale par ces présentes et en tant que besoin est les leur avons de rechef et de nouvel donnés et octroyés, donnons et octroyons par ces présentes pour en jouir par lesdits suppliants et leurs successeurs manans et habitans en la dite ville, perpétuellement et à toujours ensemble de leurs limites et juridictions tous ainsi et en la forme et manière qu'ils en ont justement joui et uzé par ci-devant avant la démolition de ladite ville.

Si donnons en mandement à nos amés et féaux les gens tenans et qui tiendront nos cours de parlement à Paris, Toulouse et Bordeaux, sénéchaux de Guienne Toulouse et Carcassonne, Beaucaire, Rodès, Agenais Armaignacs et à tous nos autres justiciers et officiers ou à leurs lieutenans présents et à venir à chacun d'eux si comme à lui appartiendra que de nos présents grâces, confirmations, ratifications, approbations, unions et choses dessus dites ils fassent, souffrent et laissent lesdits supplians et leurs successeurs jouir et user perpétuellement paisiblement et plainement en la forme et manière dessus déclarée, sans leur faire ne souffrir être fait mis ou donné ores ou pour le temps à venir aucun destourbier ni empêchement, en cas ce fait mis ou donné leur était le fassent réparer et mettre au premier état et ce incontinant et sans delai; car ainsi nous plait-il être fait nonobstant quelconques ordonnances, rescriptions mandements ou deffenses à ce contraire et afin que ce soit chose ferme et estable à toujours nous avons fait mettre notre scel à ces dites présentes sauf notres choses, notre droit et l'autrui en toutes.

Donné au plaisirs du parc au mois de mai l'an de grace 1481 et de notre règne le vingtième.

Sic signatum par le Roi, le seigneur du Boschage et autres présents.

G. BRICONNIER.   *Visa.* F. TEXIER.

Lecta publicata pro grandendo per consules manentes et habitantes Lectoræ privilegiis et libertatibus de quibus in albo et in hinc alligata cavetur si et quatenus eisdem ipsi de Lectora hactenùs ritè et rectè usi sunt salvis tamen domanio Regi ac ressorto in omnibus casibus domino nostro curiæ præsenti et senescallo Armagnaci actum Tolosæ in Parlamento decimâ Die decembris 1481.

Collationata cum originalibus.

G. DELAMARCHE *Signé.*

Suit la teneur de l'arrêt d'enregistrement.

Vues par la cour les lettres patentes du Roi confirmatives des privilèges des consuls, manans et habitans de Lectore par eux présentées à la dite cour, ensemble les plaidoyers faits sur icelles, et sur ce oui le procureur-général du Roy notre sire il sera dit que les dittes lettres seront lues publiées et enrégistrées en la dite cour et sur icelles sera mis et écrit ce qui s'ensuit. Lecta publicata, etc.

(Extrait des Registres du parlement de Toulouse, registre 2me des ordonnances, folio 9.)

NOUVEAUX RÈGLEMENTS
pour la nomination des Consuls.

L'an mil cinq cens hé sics hé lo xix jorn del mès de abriu qué cor. Lo dimèché de quasimodo en la mayson comuna de la ciutat de Leytora. Los honorables homes Bertran de la Coma, Johan de Las, Johan de Boquet, Manaud Filhol, et Johan de Bouco, Cosselhs de la présent annada, demostren als personatges déjus scriupts, conbocats en la dita meyson comuna, cum la élection del cossolat de Laytora se faze hé se era feyta per lo poble menut ont se fazen beucopts de conlusions talament qué ne era stat mogut pertes, debat et question entre los habitans hé grandas enneyas; hé per ébitar aquelas conlusions qué sé fazen per lo poblè menut hé bas de entendement, se fera bon et plus util que la dita election dhuy en abant se fasse per jurada, loqual jurada los Cosselhs elegiran tots los ans; ont foc conclus et ordenat per los personatges dejus scriupts.................... per la conlusion debas scriupta, losquals personatges s'en seguen per scriupt.

(Suivent 79 noms).

Et foc conclus per los personatges desus nomats unanimiter et concorditer que de horas en abant la élection del cossolat de Leytora se fera per seysante personatges : so es detz personatges de cast carté de la Bila, losquals personatges elegiran tots los ans los cosselhs de aquera annada hé se apeleran duy en abant *la Jurada* et juraran losdits seysante personatges de élégir.

L'an desus dit, lo sinquème jorn del mes de jun, en la meyson comuna de la ciutat de Leytora los honorables homes Bertran de la Coma, Johan de Las, Alias Canè, Francès Del Luc, et Johan de Bouco Cosselhs deldit an demostren Coma desus tochant lo feyt de la Election del cossolat de Leytora als personatges dejus scriupts.

(Suivent 46 noms).

Et fuit conclusum per los personatges dessus nomats, tochant lo feyt de la election del cossolat ainsi que desus es stat conclus hé acordat en la présent recort et conlusion, de què los dits cosselhs ne an feyt *statut*.

(Archives de Lectoure).

Noms de quelques Consuls de Lectoure.

1412.

Pey Dastuguo.
Bertrand de Constantin.
Bertrand Darton.
Vidau De Las.
Pey de Laffargua.
Et........

1415—1421.

Guiraud Darnaudon.
Pey de Bergès.
(Et 4 déjà cités).
Pey Desuac.
Ramon d'Arm.ac
Johan de Lomanhes.

1423.

Johan de la Roqua.
Johan Du Faur.
Pey Despernau.
Huganon Roquas.
Ramon de la Caze.
Pey dèn Gaubert.

1427—1428.

Bertrand de Massas.
Richart Daymè.
Pey deu Bergé.
Pey deu Boquet.
Pey D'ossun.
Guilhem Daubas.
Ramon de Counhol.
Pey Dabit.

1433.

Bernat Brascou.
Amilhan Daudè.
Johan de Meste.
Bernat de Cunho.
Domengès de Troncens.
Johan deu Royne.

1434—1441.

Bernat de Las Ruilhas.
Johan de Barte.
Bernat Gilibert.
Guilhem deu Pleix.

Mestre Sans.
Pey Destrenats.
Ramon de Carmailh.
Bertrand de Paoulhac.
Guirault Raymis.
Guilhem de Larribau.
Guilhem de Dagimo.

1439.

Johan d'Auvinhac.
Gualhart Azéma.
Sans d'Escoufigué.
Johan Bazin.
Guilhem Bordes.

1449—1458.

Manaut de Sento Gema.
Johan De Las.
Pey Laguarda.
Johan de Maur.
Ponset de Melet.
Simon de Guitaria.
Johan deu Luc.

1497.

Gayssion Foassin.
Bertrand de la Coma.
Bertrand de Sarti.
Johan Canè.
Jeorgi Lucas.
Guilhem Davit.

1503—1504.

Bernat de Labbat.
Dorde de Baur.

Anthony deu Solas.
Bernat de Peyras.
Guilhamot de Pérès.
Nicolas Aulin.
François Marrast.
Plumassan.
Blanchard.

1510.

Manaut Filhol.
Johan de Nariguas.
Pey de Campségné.
Jehan Gorgely.
Guilhem Fontanery.
Bernat Foassin.

1535—38—40.

Jean de Planis.
Pey de Bordis.
Arnaud Pujos.
Gratien Captaing.
Jeannet Montagnac.
Bartholome deu Balat.
Bernard Laporte.
André Capdeville.
Percin.
Johan de Bazets.
Tartanac.
Vacquier.
Derance.
Bernard de Garros.
Laurent de Baurs.
Bernard de Lescuraing.
Bartholome de Fraxino.

(Archives de Lectoure).

PROCÈS-VERBAL D'UNE SÉANCE DU CONSEIL MUNICIPAL (1517).

Recort et conseil tengut généralament per messiurs los Cossols de Leitora, so es assabé mouss. maistre Pierre de la Coma licençat en leys, premier Coussul de la dita vila, mestre Jaques de Rye bachélier en dret, segond cossol, mestre Johan Feydini, notari, Laurens Novi, Dorde Pradier, merchant et Jaques Roquet aussi merchant, Cossuls tous ensemble de la present bila et ciutat de Leitora, l'annada presenta mil cinq cens et dix-sept comensent à la festa de Sainct Johan Baptista et finissent à semblabla festa l'an finit et revolut; et asso sur los arrendamens deu masel de la dita bila et deu Greffra de la court deus dits messiurs los Cossols et aussi de la Baylia de la dita bila et deus Forestatges, afin de bota plus de ben, que la causa publica fossa ben regida et gouvernada. Auqual recort et Conseil foren presents et oppinents los que s'en séguen.........

Et premierement, mons. mestre Henric de Mauriet, licençat en décrets et advocat de moss. après las ditas remonstratious a dit et oppinat que per ébitar las pilharias, concussious et baratarias qué se fon en la beylia a faulta que no y botavan gens de bien de bayles, que et era d'abis qu'on y botessa d'aras en aban cauqué homé de ben de baylé; et atau meté ung bon notari qué agossa salari et taxa rasonabla, afin que los habitans de la bila craignossan plus justice.

Item touchant lo masel a dit que so es lo plus necesseri de tota la bila ont se fese de plus grands abus et faussetat tant en maubésas carns qué en fauls pés, auqual masel falhé bota prompta punission, et que los qui arrenderan lodit masel fossan gens de consciença et honestes personatges............
non recriminatur à l'arrendament.

Et sur so losdits mess. de Cossols an feit et remonstrat certains articles et establiments losquals son estats aqui legits publicament et conclusit et arrestat per tous los assistens que los dits articles eran bos et que fossen tenguts de point en point selon leur forma et tenor. Item qué lo taulè des pés sia arrendat et que las pangosseras no tengan point lo pan davant lo masel, ne las recarderas no crompen point en bloc que las personas no sian servidas.

Mestré Dorde de Baurs jutgé de Lomanha es estat d'abis et opinion qué la baylia sia balhada a qu'auqué homé de ben; autrement non!.........
Et que la greffa se arrendé aussi a qu'auqué bon notari, am taxa rasonabla. Au regard deu masel a dit que los dits establiments et ordenances qué eran estats legits eran bous et utils à la causa publiqua, et que fossan ten-

guts et observats de point en point, et qué los qui arrendaran lo dit masel Balhe bonas (cautious) de los tenir et observar autrement que no sian point recebuts al arrendaments.

Moss. maistré Anthony Lucas, licenciat en leys a estat de semblabla opinion què les précédens moss l'Avocat et mestré Dordè.

(Suivent plusieurs approbations données par divers).

Item plus de cent autres habitans de la dita bila aqui présens, foren tots de semblabla oppinion que los précédens et que les articles legits per mess. de Cossols fossan gardats et observats de point en point.

DEFANCÈS.

(Archives de Lectoure, pag. 217 verso).

Masel, c. a. d. boucher.
Arrendamen, ferme, fermage.
Pangosseras, marchandes de pain.
Recarderas, marchandes de volailles, etc.
Récord, délibération.

MODE DE PRESTATION DE SERMENT POUR ÊTRE ADMIS AU DROIT DE BOURGEOISIE.

L'an mil cinq cens trente cinq et le dernier jour du moys de juing fust receu pour habitant en la présente ville et cité maistre Anthoyne Rosselli licencié, conseilhier et advocat en la court de monss^r. le Sénéchal d'Armaignac fils natif du lieu de Flamareins ; et faict le serment à honorables homes mess^{rs} maistre Laurens de Vaurs, Bernard de Lescuraing, Guilhem de Fontanery, Bernard Foassin, Bernard de Garros et Dorde Reynard, Consuls en la dite année de la présente ville et cité, d'estre bon et vray obédient aus dits Consuls et à leurs successeurs audit office, procurer le bien, prouffit, honneur et utilité de la ditte ville et cité tant que lui sera possible, et éviter le domaige et tenir les conseils et délibération d'iceulx, secrets sans révélations, faire à aucune personne en substance ou autrement, estre bon et loyal habitant, tenir et observer les aultres capts et articles que lesdits habitants de ladite cité ont accoutumé de jurer. En présence des honorables homes maistre Pierre Vacquery licencié, Anthoyne Lucas, Graicien Roquette, Barthelemy de Fraxino et plusieurs aultres habitans de la dite ville et de moy greffier desdits mess^{rs}. Consuls.

DERANCE signè.

Le huitième jour de juillet mil cinq cens trente sept, maistre Charles Son, maçon fust receu habitant de la présente cité de Leytore et a prestè et faict serment à messieurs les Consuls de la dite année d'estre bon et vray obédient aus dits Consuls et à leurs successeurs en son office, travailher à procurer le prouffit, honeur et utilité de la dite cité, obéir aus dits messieurs les Consuls quand sera mandé et autrement faire ce que ung bon habitant doibt faire.

(Archives de Lectoure, pag. 216 verso).

UN INVENTAIRE DES MEUBLES ET TITRES APPARTENANT A LA MUNICIPALITÉ, PAR LES CONSULS SORTANTS.

L'an mil cinq cens et dus et la vespra de Sainct Johan 23me Journ de Jun. Foc feyt l'inventary de las pessas et documens cy desus escripts per honorables homes Bertran de la Coma, Johan De Las, Aliàs Canè, Johannot de Bouquet, Manaut Filhol, mestre Johan Gouget et Pey de la Plassa Cossos audit an de la villa, ciuta et dition de Lectora et jutges ordenaris; lo quau inventary foc bailhat aus honorables homes et discretas personas mestre Dorde de Baurs, Bachelier en tous drets, Bernat de Peyras, Johan Delas, Anthony deus Soles, Guilhem de Pérès et Bernat de Labbat Consuls de l'an que bien en la maniera que s'en siec :

Et primo.

Item un coffre a tres saralhas per tenir los documens de la villa, ensemble ung caysson d'abet dedens.

Item los privilleges viels et nobels.

Item duas lettras patentas l'una donnada à Soysson per lo Rey Loys et l'autra lettra de.......... donnada per lodit senhor.

Item duas autras lettras donnadas tant per lo Rey Charles que per lo Rey Loys toucant l'exemption de las talhias ensemble lettras de Généraus astacadas aus ditas lettras.

Item duas lettras patentas............ de la villa et juridiction et de la fourest deu Gayan et autres drets appartenens à la dita ciuta, ensemble lo dénombrament.

Item lo libe de las coustumas.

Item las lettras de......... de redifficar la villa.......... de........... ans de l'exemption de las talhias.

Item las lettras deu siege de moss. lo Sénéchal d'Armanhac, situat a Lectora, donnadas per lo Rey Charles ensemble los arrests donnats per la court de parlement de Tholose.

Item autras lettras donnadas per lo Rey Loys tocant la reformation deu Domayna de Lectora, ensemble los expleits stacats en aqueras dressaus au Sénéchal d'Armanhac.
Item l'instrument de transaction feyt am monssgr. de Fiesmarcon per los Cossos de la villa auctorisat per la court sobraina de parlement de Bourdeus.
Item las lettras de Franquesa donnadas per lo Rey Charles tocant la franquesa de las talhas, ensemble am las lettras deus Generaus estacadas a las ditas letras.
Item lo libe viel.
Item los libres deus aliurament............ Lo preme libe es de l'an M. CCCC. 1ᵗᵃ.
Item lo second libe de l'an M. CCCC. LX. V. (1465).
Item lo ters de l'an M. CCCC. LXXX. I.
Item lo quart de l'an M. CCCC. XC. I.
Item lo Vme libe de l'an M. Vᶜ et dutz.
Item los instrumens deus............ et autres instruments estans aus archives appartenen a la dita villa. Son en lo petit armary am lo libre deus aliuramens.
Item los libres deus comptes et recors... ...... informacious son en l'un armary debat l'escalla deu relotge.
Item en l'autre armary tocant ab aquet ou son los libes viels recors criminals et civils et autres.
Item en la cramba darré y a XII balestas ab certaus.......... et pollejos ont y a ung martinet.
Item una cayssa plena de trets et dus armarys on y a certana quantitat de treits.
Item XI............, VI collabrinas et ung canon.
Item quatre pessas d'artilharia garnidas de carriots.
Item pouldra, souspre, sospetra, environ de tres o quatre quintaus.
Item una pippa plena de carbon de...... ....
Item VI tersauneras, una aiguera et dus sales d'estaing.
Item dus cas de foc.
Item una taula garnida d'estandels.
Item ung drap de bert per tenir sur la dita taula.
Idem VII escabellas.
Item una cayssa......... ... on se mets la cuberta et lo baucan loquau s'estend au cor.

Item una tayssa de coyre et ung ferrat, ung cubat et una semau.
Item los pes deu maste 7 livra 3 livra, carteron, onssa, l'ardidau, moton.
Item las clos deu baloard.
Item de Corbaut.
Item de Perisse.
Item de la porta deu forn près deu portet.
Item las clos de portaclusa et de la porta de la Font.
Item las clos de la porta de la barbacana.
Item las clos deus Carmes et de la barbacana.
Item las clos de Guilhem Bertran et de Fontelya auprès la porta de la barbacana de Fontelya deu portet de Remore et de la porta de la font.

(Archives de Lectoure).

LETTRES PATENTES DE FRANÇOIS II (1559).

François par la grâce de Dieu Roi de France, à notre amé et Féal conseiller de nos finances en Garonne élu, par nous ordonné sur le faut de nos aides et tailles audit pays, commissaire commis et à commettre pour mettre sus, asseoir et imposer nos dittes tailles, octrois, et à touts nos autres justiciers et officiers ou leurs lieutenants chacun si comme à lui appartiendra salut et dilection. Feu notre très honoré seigneur et père le Roi dernier décédé adverty que les Consuls, manants et habitants de la ditte ville de Lectore en Armaignac et pays de Gascoigne avaient entrepris faire quelques boulevards, fossés et autres grandes réparations pour l'entretenement et forteresse de la ditte ville, bastion et deffense dudit pays et de notre Royaume et que..................... iceux lesdits boulevards, fossés et autres réparations commencés auraient le seizième jour de mars mil cinq cents cinquante deux, octroyer auxdits habitants exemptions et affranchissements de toutes tailles, impôts et subsides quelconques mis ou à mettre sus en notre Royaume tant pour le fait et entretenement de nos gens de guerre que pour quelque cause et occasions que ce fust pour le temps et terme de six ans : de laquelle exemption ils auraient joui durant ce temps. Toutefois les dittes réparations et fortifications n'auraient pu être parachevees pour satisfaire aux quelles est besoin auxdits habitants fournir plusieurs grandes sommes de deniers, nous supplians et requérants très humblement que attendu que le temps de leur ditte exemption est prêt d'expirer, notre bon plaisir fust leur continuer et octroyer les dittes exemptions et affranchisssements pour autres six ans afin d'avoir moyen de faire jes réparations susdittes et autres nécessaires en la ditte ville et sur ce leur

impartir nos grâces. Nous, ce considéré, et après qu'il nous est apparu des dites lettres d'exemption de notre dit feu seigneur et père ci-attachées sous le contre-scel de notre chancellier, avons continué et prolongé, continuons et prolongeons auxdits Consuls, manans et habitants de la ditte ville de Lectore les affranchissements et iceux quittés, affranchis et exemptés et de notre grâce spéciale, pleine puissance et autorité royale quittons et affranchissons et exemptons de toutes tailles, impôts et subsides quelconques mis et à mettre sus en notre royaume tant pour le fait et entretennement desdits gens de guerre que pour quelque cause et occasion que ce soit pour le temps et terme de   ans prochainement tenants à commencer au jour de l'expiration de leur dernier octroy et affranchissements. Si voulons mandons et très expressément enjoignons et à chacun de vous si comme à lui appartiendra que de nos propres grâces, prolongations, continuations et octroy d'affranchissement et exemptions vous faites, souffrez et laissez lesdits suppliants jouir et disposer pour ledit temps de
durant, plainement et paisiblement ainsi que dessus est dit, sans en ce temps mettre ou donner ne souffert leur être fait, mis ou donné aucun destourbier ou empêchement ; au contraire lequel si fait, mis ou donné leur avait été, mettez-le ou faites mettre incontinent et sans délai en plaine et entière délivrance et au premier état car tel est notre bon plaisir nonobstant que par nos lettres, commissions et mandements que nous avons décerné et pourrons ci-après décerner pour mettre sus, asseoir et imposer lesdites tailles et impôts, soient expressément mandés y mettre asseoir et imposer toutes manières de gens exemptés ou non exemptés privilégiés ou non privilégiés, affranchis ou non affranchis et sans préjudice de leurs privilèges, exemptions, affranchissements pour le temps à venir ; à quoi ne voulons iceux habitants suppliants être dedans ledit temps compris ni entendu en aucune manière et quelconques autres ordonnances, restrictions, mandements, deffenses et lettres contraires.

Donné à Blois, le 16 jour de novembre 1559.

Par le Roi :

DE VILLEMOR, maître des requêtes de l'hôtel.
DE LHOMÉNIE.

(Nous devons cette pièce à l'obligeance de M. Boubée de Lacouture, juge à Lectoure).

SIÉGE DE LA VILLE DE LECTOURE PAR MONTLUC. (1568)

A nostre arrivée à Moissac je fus adverty que ceux qui estoient dans Lectoure estoient sortis en campagne, faisant une infinité de ravages sur les gentils-hommes et partout là où ils 'en pouvoient prendre et qu'ils attendoient des forces de Bearn que le capitaine Mesmes amenoit, qui estoient en nombre de cinq cens hommes. Leur dessein estoit de faire un camp-volant, ce qui fut cause que j'en r'envoyay le capitaine Montluc avecques quelques uns de ma compagnie. Le comte de Candale, les sieurs de Cancon, de Montferrand, Guitinières et autres, voulurent aller avec luy, et amenerent le capitaine Parron, la compagnie du baron de Pourdeac, que le capitaine La Rocque Dordan commandoit, car le baron de Pourdeac avoit esté blessé quelques jours auparavant devant Lectoure, à une escarmouche que le capitaine Montluc avoit faicte. Or, comme ils furent arrivez à Florence, ils entendirent que les Begolles, nepveux de monsieur Daussun, estoient chefs de ceux qui estoient sortis de Lectoure, et qu'ils avoient pris le chemin droit au Sampoy pour aller au devant dudit de Mesmes, qui se devoit rendre ce matin à Aiguetinte. Monsieur de Baretnau, qui faisoit une compagnie de gens de pied, s'y trouvant, alla se mettre entre Terraube et Lectoure, parce qu'ils les vouloient là combattre. Les ennemis qui furent advertis de son partement de Florence, cuiderent retourner à Lectoure, pource qu'ils furent advertis que le capitaine Mesmes ne pouvoit arriver de ce jour là à Aiguetinte. Et comme ils eurent passé Terraube pour retourner à Lectoure, ils virent qu'il falloit combattre le capitaine Montluc, qui s'estoit mis au devant, et aymerent mieux retourner à Terraube. Il y eut de l'escarmouche à l'entrée, car s'ils eussent esté encore cinq cens pas en arrière, le capitaine Montluc les deffaisoit avant que d'entrer. Lors il depescha vers Auch, Florence, La Sauvetat, Le Sampoy, et jusques à Condom, afin qu'on le vinst secourir pour les tenir assiegez : ce que tout le monde fit; et y arriva plus de deux mille personnes. Il me despescha en poste un courrier, m'advertissant que si je voulois venir là avec l'artillerie, nous prendrions Lectoure, car tous les bons hommes qui estoient dedans, ils les tenoient enfermez dans Terraube, qui estoient en nombre de quatre cens; et tous les deux Begolles, nepveux de Monsieur Daussun, y estoient. Je monstray la lettre à Monsieur de Burie; il y eut un peu de dispute, pource qu'il ne vouloit pas que je prinse des capitaines de gens de pied : à la fin il m'accorda le baron de Clermon mon nepveu, auquel j'avois donné une compagnie de creuë. Et promptement monsieur d'Ortubie et Fredeville attelerent trois canons, et je me mis devant à Moissac pour préparer les batteaux ; et à l'arrivée de l'artillerie ils trouverent les batteaux prests, et toute la nuit ne fismes que passer. J'envoyay un commissaire de village en village tenir des bœufs prests pour tousjours rafraischir les autres : puis me mis devant, et trouvay le capitaine Montluc qui avoit assiegé la ville, et s'estoient rendus les quatre cens qui estoient à Terraube à luy leur ayant promis la vie sauve.

Le capitaine Mesmes s'approcha jusques à la riviere de Bayse, à une lieuë dudict Terraube ; et, entendant comme les autres estoient assiegez, se recula par le mesme chemin qu'il venoit, et se retira dans un petit village appellé Roquebrune, pres de Vicfezensac. Monsieur de Gohas, mien nepveu, qui avoit esté lieutenant de monsieur de La Mothe-Gondrin en Piedmont, et avoit espousé sa fille, s'estoit mis aux champs avec quelques gentils-hommes ses voisins et des paysans au son de la cloche. Il se mit sur la queuë, et le contraignit de se sauver dans ledit Roquebrune. La nuit les paysans se fascherent de les tenir assiegez, et se desroberent presque tous ; de sorte que le capitaine Mesmes s'en alla le matin en Bearn, d'où il estoit venu conter des nouvelles des belles afres qu'il avoit eu.

Or monsieur d'Ortubie fit si grand diligence, qu'il fut le lendemain passé la riviere deux heures devant jour, et fut devant Lectoure, et sur la pointe du jour, luy monsieur de Fredeville, monsieur de La Mothe-Rouge et moy, allasmes recognoistre où nous mettrions l'artillerie, et advisasmes de la mettre sur une petite montaigne du costé de la riviere, là où il y a un moulin à vent, pour battre du costé de la fontaine ; et la battismes tout le jour, de sorte que la breche fut faicte de sept ou de huict pas de long. Ils s'estoient retranchez par dedans, et avoient bastionné le bout des ruës et le chemin qui va au long de la muraille, et percé deux ou trois maisons qui regardoient sur la breche. Cependant que l'artillerie battoit je faisois faire des eschelles pour donner l'assaut au boulevart qui flancquoit la breche, afin d'empescher ceux du boulevart qu'ils ne pussent tirer à la breche ; et, pource qu'ils avoient environné ce boulevart de tonneaux et de gabions pleins de terre et qu'aussi la breche n'estoit pas encore raisonnable, je ne voulois pas faire ceste nuict-là ce que je fis l'autre nuict apres.

Le lendemain matin je fis tirer à ces tonneaux et gabions et agrandir la breche et la baisser, la nuict apres nous nous mismes en camisade, et ordonnay que le capitaine Montluc iroit donner l'assaut à la breche avec les deux compagnies du baron de Clermon, et celle du baron de Pourdeac, et la noblesse qui voudroit aller avec luy, entre lesquels estoit le comte de Candalle, jeune seigneur plein de bonne volonté; aussi est-il mort depuis en une breche en Languedoc, comme on m'a dit. Et quant à moy, je devois donner par les eschelles au boulevart avec la compagnie du sieur de Baretnau et un autre, et ma compagnie de gens-d'armes, que j'avois fait mettre à pied. Je fis prendre mes eschelles et mis devant le capitaine Montluc et sa troupe, allant sur leur queuë voir quel effect ils feroient. Apres moy venoient les eschelles et ma troupe. Or ils les emporterent d'une grand hardiesse, et entrerent dedans, et commencerent à combattre les remparts qu'ils avoient faits aux rues, et desjà estoient presque maistres de l'un.

La nuict devant ils avoient faict un fossé entre la breche et les remparts, et y mirent une grande trainée de poudre, et par dedans une maison ils y devoient mettre le feu. Nous dressasmes les eschelles, et monterent deux enseignes jusques auprès du haut du bastion. Je faisois monter les soldats et achever de dresser les eschelles : et comme nos gens de la breche estoient presque maistres des remparts, ceux de derriere, qui mirent les pieds dans le fossé de la trainée, qui estoit couverte de quelques fassines, commencerent à crier : « Nous sommes dans la trainée », et s'effrayerent de telle sorte, que tous se renverserent sur la breche. Les premiers qui combattoient les remparts n'eurent autre remede que de se retirer, et là y fut blessé le capitaine La Roque, lieutenant et parent du baron de Pourdeac, lequel mourut le lendemain, un des vaillans gentils-hommes qui sortist il y a cinquante ans de Gascogne. Il y en mourut aussi d'autres, et y en eut quelques uns de blessez de ceux qui donnoient par les eschelles. Et comme ceux de la breche furent retirez, je retiray les miens, bien aise d'en estre eschappé à si bon marché. Que s'ils eussent donné le feu de bonne heure, ils eussent faict une terrible fricassée.

Le lendemain monsieur d'Ortubie, le gouverneur de La Mothe-Rouge et moy, allasmes recognoistre de l'autre costé de la ville devers le petit boulevart, et nous ne sçusmes trouver lieu que pour y mettre deux canons que bien malaysément, car ceste ville est pour une ville de guerre des mieux assises de la Guyenne, et bien forte ; et si y demeuroit encore le petit boulevart qui flanquoit cest endroit où nous voulions battre, qui nous garda de nous pouvoir bien resoudre. Et sur le midy monsieur d'Ortubie tourna battre encores par la breche à quelques flancs qu'il y avoit, pour ce que le lendemain je me resolus de donner l'assaut de plein jour : et en pointant un canon luy mesmes fut blessé à la cuisse d'un coup de fauconneau qui estoit sur le grand boulevart, qui me deconforta fort, car c'estoit un vaillant capitaine, et qui entendoit bien l'estat de l'artillerie. Il mourut deux jours apres. C'est la charge de nostre mestier, la plus dangereuse : toutesfois en tous les sieges où je me suis trouvé, j'estois tousjours pres du canon ; si je n'y estois il me sembloit que tout n'y alloit pas bien. Celuy-là entendoit bien son mestier, qui est une chose bien rare et perilleuse, comme j'ay dit : aussi n'en eschappe-il guere de ceux qui se hasardent trop. Cependant les ennemis parlementerent : il fut arresté qu'ils me bailleroient pour ostages trois de ceux de là dedans, et que je leur en envoyerois autres trois, et me demanderent Messieurs de Berduzan, de La Chapelle et un autre. Et comme ils furent aupres de la porte et que nous pensions que les autres sortissent, il leur fut tiré trente ou quarante arquebuzades tout à un coup, de sorte qu'ils faillirent de les tuer, et blesserent l'un de mes trompettes. Alors je fis crier à Brimond que ce n'estoit la foy d'un homme de bien, mais d'un Huguenot. Il s'excusoit, et disoit que c'estoit un meschant qui avoit commencé, et que bien tost j'en verrois faire la punition.

Mais ces meschans pendirent aux carneaux un pauvre Catholique qui n'en pouvoit mais. Or ils demandoient tousjours de me voir, et disoient qu'ils ne pouvoient croire que je fusse là : aucuns me disoient que je me devois montrer, mais je ne le voulus jamais faire, dont bien m'en print : un vieux routier est difficile d'estre pris au trebuchet. Deffiez vous tousjours de tout, sans le monstrer pourtant ouvertement. Apres que le pendu fut mort, ils coupperent la corde et le firent tomber dans le fossé, et fut arresté que les mesmes deputez entreroient et les leurs sortiroient, car nous pensions que celuy qui avoit esté pendu fust celuy qui avoit fait le coup.

Or tout le monde se mettoit sur la ruë pres de Saincte Claire, et en trouppe pour voir ce que faisoient les deputez et quant les autres sortiroient. Ils avoient affusté trois ou quatre pieces qu'ils avoient, et quelques mousquets tout droit à la trouppe, pensant que j'y fusse. Et comme nos députez furent aupres de la muraille, ils commencerent à tirer les pieces droit à la trouppe, et y tuerent un gentil-homme d'aupres d'Agen, nommé monsieur de Castels, et trois ou quatre autres blessez. Je voyois tout cecy de derriere une petite muraille, et m'esmerveille que nos deputez ne furent tuez, car ils leur lascherent plus de soixante arquebuzades : ils se sauverent courant. Et comme je vis cecy pour la seconde fois, j'envoyay derriere la muraille leur dire que puis qu'ils faisoient si bon marché de leur foy et promesse, que j'en ferois autant de la mienne ; et envoyay monsieur de Berduzan mon enseigne, qui estoit un des deputez et ma compagnie avec une compagnie de gens de pied à Terraube pour faire tuer et despescher tous ceux qui estoient là, et luy baillay le bourreau pour faire pendre le chef ; ce qu'il fit, et de bon cœur, attendu la meschanceté que ceux de Lectoure avoient fait en son endroit : et apres qu'ils furent morts, les jetterent tous dans le puys de la ville, qui estoit fort profond, et s'en remplit tout de sorte que l'on les pouvoit toucher avec la main. Ce fut une tres-belle despesche de tres mauvais garçons. Ils m'amenerent les deux Begolles, et deux autres de Lectoure de bonne maison, lesquels je fis pendre en un noyer pres de la ville, à la vuë des ennemis ; et, sans l'honneur que je portois à la memoire de feu monsieur Daussun, les Begolles, ses nepveux, n'en eussent pas eu meilleur marché que les autres. Ils en furent à deux doigts pres, ayant une fois commandé de les depescher, et puis je ne sçay comment je changeay d'advis : leur heure n'estoit pas venuë. Si n'eust esté pour les faire pendre à la vuë de ceux de Lectoure, ils n'eussent eu la peine de venir, et eussent esté logez dans le puyts comme les autres.

 La nuict je commençay à remuer mon artillerie de l'autre costé où avions recogneu monsieur d'Ortubie, le gouverneur La Mothe-Rouge et moy ; et la nuict, comme je la remuois, ils cogneurent bien par là où je les voulois battre, et se douterent qu'ils n'avoient pas gens pour soustenir deux bresches. Ils demanderent le capitaine Montluc, et parla Brimond à luy, et luy dit qu'il vouloit capituler, pourveu qu'il lui donnast la foy de les laisser sortir avec les armes et leurs vies sauves. Cependant le jour vint : pressé des capitaines, je leur accorday, car je voyois bien que je n'estois pas encores au bout de ma leçon.

ST.-GÉNIE.

La petite église de ce nom est chaque année l'objet de la vénération publique. La tradition rapporte que c'est en commémoration d'un saint homme qui y opéra jadis des miracles.

Voici la légende que nous trouvons dans la collection de Bernard Guidon, évêque de Lodève en 1324 et que les Bollandistes ont recueilli dans le vol. 1er de mai, pag. 384. colon. 2.

LÉGENDE.

Incipit vita sancti Genii Confessoris cujus
Festum tertiâ die mensis maii celebratur.

1º Obsecro vos omnes, qui hoc audituri aut lecturi estis, ut obstruatur cor vestrum, nullam blasphemiam habens, nullam læsionem contra me, quod vitam *Beatissimi Genii* enarrare contendo; quia quod oculis nostris vidimus, auribus audivimus, vobis gesta scripsimus. Undè credimus aliquam nos beatitudinem posse promereri. Vos autem major expectat gloria qui auditis et creditis dominum implere in sanctis suis, quæ hic scripta cognoscitis.

2º. Hic autem B. Genius ex nobili familiâ et illustribus fuit parentibus procreatus et totâ intentione puer satagebat, quomodò ad christianam religionem pertingere potuisset. Celabat propositum, celabat et sanctum desiderium : et sic se domino a juventutis œtate castum exhibuit, ut sapientiam hujus mundi stultitiam reputaret. Florebat inclusa visceribus ejus perfecta caritas, et nunquam potuit in eum *inimicus* bellum aliquod excitare : quia ipse propter regna cœlorum non solum à largioribus vel lautioribus ferculis evidenter se sequestravit ; verùm etiam ipse in corde nihil aliud agebat nisi orationem sanctitatis. Vera itaque pietas et benignitas, spes, fides, atque caritas ejus resonabant in psalmis, hymnis et canticis. In tantùm namque valuit ipsius deprecatio ut cœleste alloquium audire meruisset. Etiam antequam conceptus erat B. Celsum præsbiterum tertiâ admonitione certum est in somnis fuisse sollicitatum, quod mater sua beatissima clara masculum esset conceptura ; et quod multa congregatio fidelium per ipsum pergeret ad regna cœlorum.

3º. Cùm verò esset jam ætate primævus, sanctitate plenissimus, sub Maximo tyranno et Joviniano, coràm palatio Arimiani et Asclepiadis, in temporibus illis missi sunt proconsules eorum ad regiones Galliarum, ut quoscumque christianos invenire potuissent, aliquos interficerent, aliquos

aspectibus exiberent. Venientes autem Axium (Auch) civitatem audientesque opinionem sancti Genii quod multos de idolarum culturâ relevaret ad gratiam spiritus sancti, miserunt milites numero quasi triginta, qui eorum ipsorum insolentiæ præsentarent. Audiens hoc B. Genius certus et securus de dominicâ repromissione, pergit ad montem (Ste.-Croix) ubi orationem fundere solebat. Hic enim erat locus justà diversorium (petite maison de campagne) suum in suburbio (banlieue) *Lactoræ civitatis*, in quo die noctuque in oratione pervigilans postulabat à Domino ne suam mentem in aliquo inimicus prævaleret immutare, orans et dicens : « Domine Deus, spes et magister
» ac consolator meus qui me docuisti orare, ecce oro te : tu es enim mecum
» usquè ad finem : tu es qui mihi ab infantiâ vitam seminasti et à corrup-
» tione me custodisti : tu es qui me ab istius mundi paupertate eduxisti,
» et ad tuas divitias venire voluisti. Quà propter domine Jesu Christe,
» assistat mihi consolatia tua, ne unquam insultent mihi inimici mei, qui
» quærunt animam meam velut aquam absorbere; quia mens mea minime
» valet laudare te de tanto studio quod in me exercuisti, nisi me tuis divi-
» tiis repleas et ab omni avaritiæ sollicitudine liberes, et animas servi tui
» de manibus inimicorum meorum eripias. Ecce igitur tuum opus perficiam
» et præcepta tua servabo. Propterea non sterilis fiat oratio mea et Diabolus
» non rapiat titrici semen ex me tuâ optimâ terra, in quâ neque spinæ
» neque Zizania unquam appareant............ »

Cumque orationem fudisset, subitò locus ille contremuit, et vox de nubibus cœli locuta est ad eum dicens : « Euge, Euge, serve bone et fidelis,
» quià super pauca fuisti fidelis; super multa te constituam : viriliter age et
» confortetur cor tuum ; intrabis enim gaudium cùm his qui cùm mu-
» lieribus non sunt polluti : multa enim vasa dilectionis per te mihi
» dedicabuntur............ »

Et cùm hoc dixisset gaudio magno gavisus est et spiritu sancto repletus surrexit ab oratione, armans frontem signo fidei, pectus que confirmans.

4°. Videntes ergò eum milites à longè venientes quasi stadia quindecim, statìm fluvius qui locum illum præterfluit, ut dictum sit quasi incredibile, impetu inerrabilium undarum eructavit sursùm, ita ut nullus per eum transitum facere potuisset. Videntes autem milites quod ex jussu dei alveus ipse inundaret, timor et tremor invasit eos quasi ad mortem, et prostraverunt facies suas coram Domino cœlorum utiquè et dixerunt : « O magnum
» mysterium quod vidimus! Verè magnus est Deus Christianorum : si
» Deus eorum esset ut Deus noster in quo nos iniqui ut digna recolimus
» lapides et ligna, surda et muta, hominum manufacta, nunquàm faceret

» talia. Derelinquamus igitur hæc omnia et adoremus Dominum vivum,
» qui fecit cœlum et terram, maria et omnia quæ in eis sunt, quia verè
» Deus Christianorum magnus est qui sic protegit sperantes in se, et non
» derelinquit omnes suos, sed in angustiis et pressuris est præsidium
» præstans............ »

Steterunt autem in eodem loco quasi biduò : tertio denique die, gaudio pleni et spiritu veritatis accensi, perveniunt ad B. Genium, prostrati in terrà antè pedes ejus. Cumque oscularentur vestigia ejus, deprecabantur eum dicentes : « Benedictus Deus tuus, et benedic nos benedictione tuâ
» Pater et auctor nominis Dei : et scias quià implissimus Præses misit nos
» ad persequendum te : sed ex divino præcepto cognovimus quod magnus
» est Deus tuus : præcamur itaquè, domine, ut digneris misereri nostri ut
» imitatores tui esse mereamur et sequi pedes tui efficiamur....... »

5º. Statim B. Genius figens genua et sursùm elevatis oculis in cœlum dixit : « Domine Jesu Christe, gratias ago tibi, quià dignatus es mira-
» bilia tua servis tuis ostendere, quos tibi acquisivisti et ideò, domine,
» efficiantur vasa munda in quibus habitet spiritus tuus sanctus, et da eis,
» domine, quod in nomine tuo petunt ut celeriter consequi mereantur »
ad hùc etiam et alia plurima quæ sequuntur eis qui secum erant dicebat :
« Credite in Deum vivum quem prædico; credite in Jesum Christum quem
» annuntio; credite in salvatorem qui servorum suorum adjutor extitit;
» credite in redemptorem qui mercedem retribuit laborantibus; credite
» ipsis qui eum diligunt. Ipse cultura mea et flos est animæ meæ, quoniam
» propè est tempus ut eum recipiam. Cùm enim sit pulcherrimus ipse et
» speciosus dominus, procurat semper nos dicere de se aliquid : qui tamen
» qualis sit neque capere possumus, neque homo enarrare potest; sed iste
» obscuritatis meæ illuminatio est, completio mearum divinationum, et
» nutritor meæ indigentiæ, et est mecum usquequo descendam ad eum et
» amplectar illum......... »

Et cum orasset et eos docuisset qui christo se credere asserebant, pervenit unà cum eis ad portam civitatis (nempè Lactoræ) et abierunt ad venerabilem presbiterum nomine Celsum, et provoluti ejus pedibus et rogantes ut eis baptismi gratiam ministraret. At ille catechizavit eos et baptizavit eos in nomine patris et filii et spiritûs sancti : et steterunt apud ipsum quasi diebus decem.

6º. Post hos autem diebus redeuntes ad Præsidem, cujus cor malitià excœcatum erat, et ipse sperans ut gaudium sibi annuntiarent cum parvenissent ad eum, dixit eis : « Quid tardati estis? Numquid aurum et argen-

» tum accepistis? Aut aliqua maleficia vobis prævaluerunt? » Cui illi dixerunt : « Auro vel argento splendidior est gratia Christi. Cognovimus » enim quod omne genus hominum quod in tali errore consistit, in quâ » vos adhusque mansistis, perpetuâ damnatione ferientur...... » Tunc ingemiscens Præses dixit : « Ergò invictissimi principes per quos mundus » floret damnantur? Dixitque unus de Pusillis : « non per ipsos floret mundus sed tenebrescit........ » Exagitans autem caput Præces dixit : » » Doleo super vos, pueruli........ » dicùnt illi : » non est necesse super » nos dolere sed super te multùm est dolendum si non credideris in Domi- » num nostrum Jesum Christum...... » At ille dixit eis : « Per salutem » et ceremonias Deorum, aut sacrificabitis Diis immortalibus secundum » decreta principum, aut vos puniri jubeo........ » Illi autem dixerunt : « sicut non valet movere serpentem qui carmina nescit, ità nec nos ullo » modo potes separare ab amore christi......... »

Eadem verò hora jussit eos extrà portam civitatis (nempè Auscorum) decollari ; vocatur que nomen loci illius *Cruor-innocentum*, usque in hodiernum diem. Erat autem multitudo christianorum in loco illo qui corpora de speculatoribus redimentes sepelierunt. Beatus autem Genius in die quâ hoc contigit passionem eorum solemniter celebravit.

7°. Iterum misit Præses alios plures milites qui S. Genium variis tormentis interficerent. Ille verò cujus spiritum nihil latebat presentium pergit ad montem ubi orationem jugiter fundebat, et prostravit genua sua coràm domino et dixit : « Domine, gaudeant et epulentur omnes qui sperant in te » quos tu acquisivisti, peto ut oculi mei ad te respiciant et cor meum » exultet in salutari tuo, quoniam voluntatem tuam volui et complevi, et » præcepta tua ex integro servavi ; respice ad servum tuum timentem te, » ne pereat studium meum quod in me hucusquè operatus es ; peto iterum, » ô Domine, ut quos pro nomine tuo passioni tradidi, antè sedem mages- » tatis tuæ eos videre merear, et ibi eis redde mercedem. Præcor etiam, » domine, respice ad puerum tuum secundum tuam magnam misericordiam » et recipe animam famuli tui in pace. » Cumquè orationem fudisset, intentis oculis in cœlum respexit et scuto fidei armans frontem, vidit coronas quæ ei et sociis ejus parabantur, diversis margaritis coruscantes et multitudinem candidatorum circà eos præconantes et dicentes : « Depu- » tentur in numero justorum et scribantur in libro viventium qui vicerunt » antiquum serpentem, et qui cum mulieribus non sunt coinquinati.... » et statim ut flexit genua emisit spiritum ; actus estque ipsius transitus quinto nonas maii.

8°. Erat autem in monte tunc corpus ejus venerabile omnibus, sed *propè radicem montis est basilica quam ipse construxit :* ibiquè tumulum juxtà statum mensuræ constabilivit episcopus civitatis ipsius (nempè Lactoræ) Heuterius nomine cum quo et sacerdotes et cœteri ministri et multitudo christianorum eum devotè sepelierunt. Milites autem ipsius tyranni videre eum non fuerunt digni, sed erubescentes et confusi reversi sunt cùm ipse esset sepultus tantus autem odor suavitatis ibidem de corpore ejus fragravit qualis nèc antè nec post est futurus. Ipsâ autem Die duo cœci qui per annos decem cœci fuerant lumen receperunt ibidem et multi detenti diversis langoribus sani effecti sunt. Post parvi verò temporis spatia orta est fames in totâ regione Galliarum ; et ecce quædam viduæ pauperculæ, egredientes portas civitatis quærentes herbas quascumque invenire potuissent, hospitium in basilicâ S. Genii habuerunt. In quâ utique nocte lumen magnum et odor liliorum et rosarum basilicam ipsam circumfulsit. Cùm autem ad lucem pervenissent invenerunt propè sepulcrum S. Genii duos panes miræ magnitudinis et statim abierunt et sustulerunt eos. O quantus qualisque in vitâ suâ fuit ut multos esurientes satiaret bonis suis ! nam et volucres cœli dùm viveret aliquæ saturandæ ad manum ejus veniebant, aliquæ saturatæ recedebant. Multâ virtute ad exemplum credentium pollens tantum apud Dominum meruit habere honorem, ut ex illâ die repleret Dominus regionem illam omnibus fructibus bonis usquè in hodiernum diem cui est honor et gloria in secula seculorum, amen.

En 982 Guilhaume Sanche, comte de Gascogne, érigea St. Génie en abbaye et la donnà à St. Sever « *Item* dono eclesiam sancti Genii confessoris, ubi
» sua sacrata ossa tumulata jacent, ubi abbatiam fieri jussi, sub regimine
» abbatis præfati loci............. »

(Extrait du diplôme de 982 rapp. dans la Gall. Christ. tom. 1er, pag. 181, n° 1er De Inst.)

Cette donation fut confirmée par Bernard Guilhaume fils du précédent :
« Igitur donationem genitorum meorum ego confirmo........ unamque
» abbatiam in comitatu suo genitor meus in Lactoraco civitate ubi prœ-
» tiosissimus confessor genius quiescit humatus. .... »

(Extrait du diplôme n° 3, pag. 182).

(1059) Il résulte d'une charte rapportée dans le même recueil que quelque temps après, le monastère de St.-Génie fut réduit en cendres, « omninò ad favillam cùm pluribus hominibus clericis laïcis, ac mulieribus,
» parvulis et lactantibus in dominicâ die à supervenientibus hostibus combustum...... »

Ceux qui survécurent à ce désastre « qui semiusti evaserunt cùm
» paucis qui cò quod defuerunt illæsi remanserant.... » d'accord avec
les maîtres du pays « cùm principibus patriæ illius ad quos res-pertinere
» videbatur »... « donnèrent en 1059 à l'abbaye de Moissac et à son
abbé Durand Evêque de Toulouse ce qui restait de l'incendie de ce
monastère « parietes vacuos qui de combustione exusti remanserunt.... »

En 1068 cette abbaye fut supprimée et l'Evêque de Lectoure y établit
sa résidence ».... « et ita monasterium non ampliùs esset monachorum
» propriè locus, sed esset episcopi vera sedes..... »

(Extrait des notes du concile de Toulouse présidé par Hugues
le Blanc légat du pape Alexandre II. Gall. Christ).

En 1074 l'Evêque de Lectoure Raymond 1er, de concert avec le vicomte
Odon et son neveu Vivian, donnèrent le terrain de St.-Génie à Hugues
abbé de Cluny qui y établit un couvent de moines. Il fut probablement détruit en même temps que les autres.

Tel est St.-Génie dont l'église passait pour avoir été au-moins une des premières érigées dans le pays d'après la charte de 1059 que nous avons
citée «..... quæ pro matre eclesiarum habebatur primâ monasterium vi-
» delicet Sti.-Genii Lactorensis...... »

QUELQUES NOTICES BIOGRAPHIQUES.

Béraud, seigneur de Faudoas et de Barbazan, sénéchal d'Agenais et d'Armagnac, et chamballan de Charles VII.

Hélion de Groing, capitaine de Lectoure, le 24 septembre 1452, gouverneur d'Armagnac.

(Généalog. du père Anselme, tom. 8, pag. 141.)

Jean de Beaupoil, seigneur de Ste.-Aulaire, échanson du comte d'Armagnac en 1467.

(Id. tom. 8 pag. 588.)

Jacques de Lomagne, seigneur de Fimarcon, vicomte de Conserans,
chargé le 8 octobre 1472, de la garde de la ville de Lectoure.

(Id. tom. 2, pag. 673.)

Gratien du Faur, seigneur du Pujols et de St.-Jory, chancelier de Jean
V, comte d'Armagnac. Il fut depuis envoyé par Louis XI en ambassade auprès de l'empereur d'Allemagne, où il resta onze ans. A son retour en 1482,

il eut la charge de 3ᵉ président au parlement de Toulouse. Il fut le père de Pierre du Faur, conseiller et président aux enquêtes, docteur en droit canon, chanoine de Lectoure, nommé évêque de cette ville en 1505.

Guy, dit Guignot de Lauzières, seigneur de Montreuil, Pesanne, Lachapelle, maitre d'hotel du Roi et sénéchal d'Armagnac avant 1493.
(Généal. du père Anselme, tom. 8, pag. 167.)

Jacques Ricard de Genouillac dit Galiot, sénéchal d'Armagnac en 1515.
(Id. tom. 8, pag. 175.)

Michel d'Astarac, baron de Marestang et de Fontrailles, vicomte de Cogotois, gentilhomme de la chambre du roi, sénéchal d'Armagnac, gouverneur de la ville et du château de Lectoure, lieutenant-général et commandant en Guyenne en l'absence du roi de Navarre, colonel de cavalerie de la reine Jeanne de Navarre, capitaine de cent hommes d'armes par lettres données au camp de Dreux, le 6 mars 1590. Il servit en Piémont dès l'âge de 16 ans. Pendant les grandes guerres il commandait les pays d'Armagnac, Lomagne, Rivière-Verdun, Gaure, Comminges, Astarac qu'il maintint à l'obéissance du roi. A la bataille de Jarnac il eut une jambe emportée par un boulet de canon, ce qui ne l'empêcha pas de continuer son service. Quoique chef des religionnaires en Guyenne, il conserva toujours ce pays dans l'obéissance. Par son testament il demanda d'être enseveli dans le temple de sa terre de Castillon, près Marestang.

Benjamin d'Astarac, fils de Michel, baron de Marestang et Fontrailles, capitaine de cent hommes d'armes, sénéchal et gouverneur d'Armagnac, Auch, Lectoure, l'Isle-Jourdain en 1604.

Louis d'Astarac, fils de Benjamin, marquis de Marestang, Fontrailles, etc., vicomte de Castillon et de Cogotois, sénéchal d'Armagnac, impliqué dans la conjuration de Cinq Mars : il mourut en 1677.
(Généalog. du père Anselme, tome 2, pag. 624.)

Daniel de Montesquiou, seigneur de Préchac et de Galiax, lieutenant-général des armées du roi, commandeur de l'ordre de St.-Louis, gouverneur de Schelestadt, pourvu en 1704, à l'âge de 70 ans, de la charge de sénéchal d'Armagnac et capitaine-châtelain de Lectoure.
(Anselme, tom. 7, pag. 288.)

ARMES OU ARMOIRIES

DES SEIGNEURS ET DE LA VILLE DE LECTOURE.

Les comtes d'Armagnac avaient pour armes écartelé : au 1er et 4me d'argent au lion de gueules qui est Armagnac ; au 2me et 3me de gueules au léopard lionné d'or qui est Rhodez. Pour support deux vieillards vêtus à la royale, couverts d'un bonnet surmonté d'une couronne antique ; pour cimier une gerbe qui sort d'une couronne antique rehaussée de fleurons.

Les vicomtes de Lomagne avaient d'argent au lion de gueules ; dans certains sceaux on voit un bélier.

Vésian de Lomagne avait deux béliers ou chèvres et un lambel cimier au même animal issant et pour supports deux figures humaines par le haut et griffons par le bas.

(Hist. généalogiq. du père Anselme).

Enfin, on a retrouvé depuis peu les armes de la ville : elles représentent deux agneaux superposés.

Elles se trouvaient précédemment placées sous une croix, ce qui donna occasion aux doctrinaires de composer et d'inscrire au dessous cette spirituelle réflexion.

« Non poteras, Lactora, tuos securiùs agnos
» Ponere : nam Christi sub cruce tuta salus. »

Nota. Suivant la tradition le nom de Lectoure *Lactora* prend son étymologie du mot latin *Lacte* à cause de l'excellence et de l'abondance du lait que ses nombreux troupeaux produisaient dans ses gras pâturages.

Les deux agneaux que cette ville a pour armoiries pourraient être un symbole qui confirmerait cette interprétation.

ÉVÊQUES DU DIOCÈSE DE LECTOURE. (*Gallia-Christiana*).

Anno Christi. — Heuterius. — Heuterium profuisse Lactorensibus tempore sancti Genii, communis opinio est : verùm quis sit iste Genius aut Hyginus utrumve sanctus Hyginus Papa qui sedit medio secundo seculo non explicatur.

506. — Vigilius. — Dans les souscriptions au concile d'Agde en 506 est celle de Vigilius Episcopus de civitate Lactorensi.

549. — Alétius.
990. — Bernard 1er.
1052. — Arnaud 1er. Qui dédia l'église de St.-Denis dans le territoire Agenais.
1060. — Jean 1er. Qui assista au concile de Jacca en Espagne.
1061. — Raymond 1er ou Ebbon. Qui donna à Hugues, abbé de Cluny, le terrain de St.-Génie.
1097. — Pierre 1er.
1103. — Garcias 1er.
1122. — Guilhaume 1er d'Andozile. — Ex genere Baronum de monte-alto (Montaut). Ce fut par son avis que l'abbaye de Bouilhas fut fondée.
1126. — Vivian.
1140. — Bertrand 1er de Montaut.
1178. — Garcias 2me.
1197. — Bernard 2me.
1215. — Arnaud 2me.
1229. — Hugo 1er ou Hugues. — Præsulis hujus nomen invenimus in veteri charta monasterii Gimundi (Gimont).
1240. — Gaillard de Lambesc.
1256. — Geraud 1er. — Signatur in archivis Moïssiacensibus.
1257. — Guilhaume 2me.
1268. — Géraud 2me de Montlezun. Qui traita avec Edouard d'Angleterre pour le moulin de Repassac.
1301. — Pierre 2me de Ferrières. On croit qu'il devint chancelier de Sicile.
1303. — Raymond 2me.
1307. — Guilhaume 3me de Bordes. Frère du camérier du Pape et du Seigneur de Launac.
1325. — Roger d'Armagnac.
1344. — Arnaud-Guilhaume de Labarthe.
1350. — Pierre 3me d'Andouffielle. Envoyé comme plénipotentiaire en Angleterre pour traiter de la paix.
1365. — Pierre 4me.
1369. — Hugues 2me.
1370. — Bernard 3me.
1372. — Viguier. Il négocia la paix entre la maison de Foix et celle d'Armagnac.
1379. — Bérenger.

1383. — Reynier de Malent.
1384. — Odon ou Eudes.
1384. — Raymond 3me de Combanilla.
1406. — Arnaud 4me de Peyrac.
1418. — Géraud 3me du Puy.
1425. — Martin Guittaria, Espagnol d'origine.
1449. — Bernard 4me Andréas.
1453. — Amaury ou Amalric.
1485. — Hugo ou Hugues 3me, Espagnol.
1487. — Pierre 5me d'Absac de la Douze.
1498. — Louis Pot, 1er.
1505. — Pierre 6 du Faur. Ex clarâ Fabrorum Tolosanorum Familiâ.
1508. — Bertrand 2me de Lustrac.
1511. — Paul 1er.
1514. — Guilhaume 4me de Barton frère du Vicomte de Montbas.
1519. — Jean 2me de Barton, neveu du précédent, Évêque d'Athènes in partibus.
1544. — Guilhaume 5me de Barton, fils de Pierre de Montbas et d'Elisabeth de Levis de Chateau-Morant.
1569. — Charles de Bourbon, fils naturel d'Antoine, Roi de Navarre et de Louise de Labéraudière.
1599. — Léger de Plas. Il fut sacré par le Cardinal de Joyeuse.
1612. — Jean 3me d'Esdresse, coadjuteur de l'Évêque de Laodicée. Il assista en 1614 aux états du Royaume et mourut à Miradoux.
1646. — Louis 2me de Larochefoucauld, fils de François, Duc et Pair de France, Prince de Marsillac, et de Gabrielle Plessis de Liancourt.
1654. — Louis 3me Cazet de Vautorte, fils du président du parlement de Bretagne.
1671. — Hugues 4me de Bar, fils du Marquis de ce nom, Lieutenant-général et Gouverneur d'Amiens.
1692. — François-Louis de Polastron, Vicaire-général de Lombez.
1717. — Louis d'Illiers d'Entragues.
1721. — Paul-Robert Hirtauld de Beaufort.
1746. — Claude-François de Narbonne-Pelet.
1760. — Pierre Chapelle de Jumilhac de Cubsac, agent-général du clergé.
1772. — Louis-Emmanuel de Cugnac. Le dernier.

Les Evêques ont résidé tantôt à St.-Génie, tantôt au Séminaire qui est devenu l'hôtel Salles; enfin dans le palais épiscopal bâti en 1671 par

Hugues de Bar et où se trouvent actuellement les bureaux de la sous-préfecture et de la mairie, par suite de la donation qu'en fit à la ville la veuve du maréchal Lannes, lequel en était devenu adjudicataire en 1802.

L'Évêché de Lectoure jouissait au 18me siècle de 20,000 livres de revenu et payait 1600 florins à la cour de Rome pour l'expédition de ses bulles. Le chapitre était composé de quatre archidiacres dont deux n'avaient pas de revenus : les deux autres jouissaient de : l'un 1600 livres, l'autre 800. Il y avait en outre un Préchantre ou Precenteur, 12 chanoines et 14 semi-prébendés.

UNE SCÈNE AU CHATEAU DE LECTOURE,

(aujourd'hui l'hôpital),

RACONTÉE PAR DE THOU. (*Mémoires de* 1582, pag. 315.)

» Tout étant disposé dans Agen pour la séance des commissaires, Pithou et de Thou passèrent la Garonne pour voir le reste de la Gascogne, et se rendirent à Lectoure. Cette ville épiscopale, située sur une hauteur, est la capitale de la principauté d'Armagnac. Ils coururent quelque risque en y entrant; comme ils n'arrivèrent qu'à la nuit, et qu'ils tournoient autour des fossés, les sentinelles qui étoient sur les remparts tirèrent sur eux quelques coups de mousquet.

Le lendemain, Astrac de Fontrailles, gouverneur du pays, les reçut fort civilement, et leur fit des excuses de ce qui s'étoit passé la veille; ils y restèrent tout ce jour-là pour voir la ville et pour examiner la disposition du camp de Montluc, qui l'avoit assiégée et prise dans nos dernières guerres. Les Romains y avoient autrefois institué des sacrifices de taureaux en l'honneur de la mère des dieux; ce qui se remarquoit par plusieurs inscriptions qu'on voyoit encore gravées sur les pierres d'un temple que la barbarie de nos guerres avoit ruiné, et dont on prétendoit se servir pour en rebâtir un autre.

Ils y visitèrent le château où le comte d'Armagnac fut assassiné du temps de Louis XI, et comme on croit, par sa participation. Les murailles sont encore teintes de son sang, qu'on n'a pu effacer jusqu'aujourd'hui. Ces marques sanglantes les firent souvenir d'une action qui s'étoit passée dans le même château; elle est assez semblable à celle du capitaine Gaillard; mais la suite n'en fut pas si funeste. De Thou, qui en avoit déjà appris quelque chose à Bordeaux de du Faur de Gratins, pria celui qui commandoit alors à Lectoure de l'en instruire plus particulièrement : voici le fait.

» Un nommé Balcins, qui en avoit été gouverneur avant celui qui leur contoit cette aventure, étoit un homme violent, qui avoit été élevé dans les guerres contre les Turcs. Il étoit des amis d'un gentil-homme du pays, des principaux officiers de sa garnison, qui, sous prétexte de mariage ou autrement, ayant abusé d'une sœur qu'avoit Balcins, s'étoit retiré de la garnison, et s'étoit marié à une autre personne. Cette sœur qui en fut informée, vint aussitôt tout échevelée et toute en larmes trouver son frère, et lui conta ce qui s'étoit passé. Balcins qui étoit vif et intrépide, lui dit de se taire, de ne faire semblant de rien et de le laisser faire. Il continue pendant quelque temps de vivre avec cet officier aussi familièrement qu'auparavant, sans lui rien faire connoître de ce qu'il savoit : un jour il l'invite à dîner dans le château avec quelques autres de ses amis, et leur fait un repas magnifique ; le dîné fini et les conviés retirés, il le prend en particulier, lui fait mettre les fers aux pieds et aux mains par des gens apostés, se met dans un fauteuil comme juge, et l'interroge. Comme ce pauvre homme ne demeuroit d'accord de rien, il lui produit des témoins, et fait paroître tout d'un coup cette demoiselle qui s'étoit cachée. Alors cet officier tout effrayé lui avoua qu'il avoit été de ses amis, mais qu'elle lui avoit fait plusieurs avances ; que de son côté il ne lui avoit rien promis et ne lui avoit jamais donné parole de l'épouser. Balcins continuant son personnage de juge, fait écrire par un secrétaire l'interrogatoire, les dépositions des témoins, et leur fait signer le tout, puis, sur le serment pris des témoins et sur la confession de l'accusé, le condamne à mort.

Alors le même homme qui avoit été l'accusateur, le témoin et le juge, voulut encore être le bourreau ; il poignarda lui-même ce malheureux, qui réclamoit inutilement Dieu et les hommes, et qui se plaignoit de l'infraction des droits de l'hospitalité. Balcins renvoya le corps aux parens du mort, mais comme il jugea que si cette exécution venoit d'ailleurs à la connoissance du roi de Navarre, de qui il tenoit sa commission, elle ne manqueroit pas de prévenir ce prince contre lui, il lui en écrivit lui-même, et lui demanda le détail de ce qui s'étoit passé : il dit qu'ayant un juste sujet de se venger d'un affront, il n'avoit cependant rien fait que dans toutes les formes de la justice ; qu'il lui envoyoit les copies du procès, et qu'il gardoit les originaux pour sa justification ; qu'il le prioit de lui donner sa grâce, prêt, s'il le souhaitoit, à remettre le château à qui il jugeroit à propos ; qu'il étoit assez content d'avoir trouvé le moyen de se venger par ses mains de l'outrage qu'il y avoit reçu.

Le roi de Navarre fut effrayé de l'audace de Balcins et de l'énormité de cette action : cependant, comme il appréhendoit que s'il lui refusoit sa grâce cet homme violent ne se portât à quelque résolution qui pouvoit être dangereuse dans la conjoncture présente, il ne laissa pas de la lui envoyer, mais en même temps il fit partir un homme de confiance pour prendre possession du château. Baleins le remit sans difficulté sur les ordres du prince, et se retira avec sa famille dans un château assez fort qu'il avoit dans le voisinage. »

Dans une autre circonstance le duc de Montmorency fut enfermé au château de Lectoure comme prisonnier d'état. On sait que partisan dévoué de Gaston d'Orléans il voulut soulever le Languedoc contre l'autorité royale. Battu et fait prisonnier au combat de Castelnaudary le 2 septembre 1632 après avoir fait des prodiges de valeur, il fut conduit à Lectoure par le maréchal de Schomberg lui-même. Les Lectourois essayèrent de le sauver en lui envoyant une échelle de soie dans un pâté.

Il était parvenu à sortir par une croisée que l'on aperçoit encore, lorsqu'une femme du peuple effrayée de voir un homme suspendu à un si foible lien, attira par ses cris l'attention des gardes qui le reconduisirent brutalement dans son cachot.

Quelque temps après le maréchal de Brézé vint le chercher à Lectoure pour le conduire à Toulouse où il fut décapité.

En 1793 on convertit le château de Lectoure en une bastille pour les modérés, les fédéralistes et les girondins. « Je passai une année dans cette
» réclusion, dit le conservateur des forêts Dralet, et j'en suis sorti, comme
» mes compagnons d'infortune, le cœur plein de reconnaissance pour l'hu-
» manité et la bienveillance dont les Lectourois nous avaient donné des
» preuves multipliées.
(Topograph. du Gers pag. 119).

ÉDIT DU ROI

Portant création d'un Siège Présidial en la Sénéchaussée d'Armagnac et ville de Lectoure du mois de décembre 1621.

Louis par la grâce de Dieu Roi de France et de Navarre à tous présents et à venir, salut : Nos prédécesseurs Rois pour plusieurs bonnes et grandes considérations qui regardaient le bien de la justice et soulagement de nos sujets ont établi des sièges présidiaux en plusieurs des sénéchaussées et baillages de notre Royaume, et cet établissement a été trouvé si utile au public, que les édits en ont été vérifiés en toutes nos cours de parlement sans aucune difficulté, et désirant à l'exemple de nos prédécesseurs rechercher les moyens de faire rendre également à tous nos sujets la plus prompte justice qu'il se pourra, et les soulager des grandes et immenses dépenses qu'ils sont contraints de faire à cause de la distance des parlements où ils sont obligés souvent d'aller faire des poursuites pour sommes légères ce qui les endommage en frais qui excèdent la valeur des choses contestées; étant dûment informé que nos sujets du *comté et Sénéchaussée d'Armagnac qui est de grande étendue* reçoivent un notable préjudice du défaut de cet établissement, et que le défunt Roi notre très honoré seigneur et père, que Dieu absolve, y ayant voulu pourvoir selon le soin qu'il a toujours eu de soulager ses sujets, et établir un bon ordre en la justice, il n'aurait été trouvé pour fort convenable de faire ledit établissement audit comté d'Armagnac, d'autant qu'étant de notre ancien domaine de Navarre et les officiers qui rendaient la justice en la dite sénéchaussée n'étant point royaux, il fut jugé incompatible de leur donner l'autorité de juridiction attribuée par les édits aux juges présidiaux; *mais à présent que notre dit comté et Sénéchaussée d'Armagnac est réuni à notre couronne et que les officiers ont été faits magistrats royaux et réglés à l'instar des autres officiers de notre royaume*, cette difficulté étant levée et désirant favorablement traiter nosdits sujets dudit comté d'Armagnac; considérant d'ailleurs qu'il y a plusieurs justices royales, terres seigneuriales et juridictions qui dépendent dudit comté et dont les appellations sont jugées en tous cas par *par ledit sénéchal d'Armagnac qui n'a jamais reconnu autre supérieur en la justice que notre cour de parlement de Toulouse; et voulant, en outre, gratifier et orner notre ville de Lectoure, où le siège dudit sénéchal est établi, de quelque titre d'honneur plus relevé, et lui donner moyen de se bonifier d'autant plus.* Pour ces causes et autres bonnes considérations à ce nous mouvant, de l'avis d'aucuns Princes, officiers de notre couronne et notre conseil étant près de nous, et de notre certaine science, pleine puissance et autorité royale, par ce *présent perpétuel et irrévocable édit avons créé, érigé et établi, créons, érigeons et établissons en conséquence de nos précédents édits en notre sénéchaussée d'Armagnac et ville de Lectoure un siège présidial pour connaître, juger, et décider en dernier ressort toutes matières civiles et criminelles de la ditte sénéchaussée et particulièrement des appellations qui pourront être relevées du siège de l'Isle-Jourdain, dépendances d'icelles pour les cas présidiaux seulement;* le tout à l'instar des autres sièges présidiaux de notre royaume; et conformément aux édits et ordonnances portant établissements et règlement d'iceux et pour l'exercice de la ditte justice présidiale avons élu *notre sénéchal juge-mage, juge-criminel, lieutenant-principal, lieutenant-particulier, dix conseillers, nos avocats et procureurs qui sont à présent audit siège créés et érigés, créons et érigeons juges et magistrats présidiaux* sans que pour raison de ce ils aient besoin d'autres lettres que des présentes, et pour ce qui est nécessaire eu égard à l'amplification de juridiction que nous donnons audit siège d'y augmenter aussi le nombre des juges et officiers, afin qu'ils se puissent mieux acquitter du devoir de leurs charges en l'administration de la justice; avons outre les susdits magistrats qui sont à présent et depuis longtemps institués audit siège créé et érigé *créons et érigeons un état et office de président présidial, un second lieutenant particulier, quatre conseillers lays, un conseiller clerc fesant en tout le nombre de quinze conseillers* (avec les 10 déjà maintenus) un *second notre avocat, ensemble huit procureurs postulants faisant le nombre de vingt-sept avec les dix-neuf qui sont à présent* audit siège en office formé *deux huissiers audienciers, quatre huissiers ou sergens à verge, un payeur des gages et un greffier d'appeaux.* Tous ces officiers seront unis et incorporés audit siège du sénéchal pour y être quand vacation arrivera, par nous et nos successeurs rois pourvu de personnes capables qui les tiendront, et exerceront eux-mêmes honneurs, autorités, prérogatives, prééminences, franchises, droits, libertés, fruits, revenus et émoluments que ceux de l'ancienne création et en ce fesant avons à tous lesdits officiers tant anciens que nouveaux attribué et attribuons par ces présentes le même pouvoir et juridiction qui ont été accordés et attribués aux autres sièges présidiaux tant par les édits de leur établissement que par les déclarations obtenues sur interprétation et amplification d'iceux, pour par eux et leurs successeurs auxdits offices en jouir et user pleinement et paisiblement et perpétuellement comme si le tout était par le même spécifié; fésant inhibition et deffense à tous nos juges, officiers et sujets de ne leur donner sur ce aucun trouble ou empêchement à peine des nullités des jugements et poursuites qui seront faites au contraire et de tous dépens, dommages et intérêts au profit des parties intéressées; *et afin que tous nos-dits officiers aient moyen de s'entretenir en leurs charges et qu'ils soient réglés pour leurs gages, tout ainsi qu'ils le sont pour leurs autres droits et prérogatives de leurs charges à l'instar des autres officiers des présidiaux de ce royaume, voulons et nous plait qu'ils aient et leur appartienne par chaque an, à savoir audit président présidial 600 livres de gagés, au juge-mage 200 livres, au juge-criminel, 100 livres, à chacun des lieutenants principal et particulier*, 100 *livres*, *à chacun des susdits conseillers tant anciens que de nouvelle création*, *en tout* 1500 *livres*, *nos deux avocats et notre procureur, à chacun* 100 *livres, et au payeur des gages desdits présidiaux*, *la somme de* 300 *livres par an :* lesquels gages nous avons attribués et attribuons à leurs dits offices pour par lesdits officiers en jouir d'oresnavant et à toujours et en être payés par les mains dudit receveur et payeur sur les deniers qui seront pour ce imposés sur ledit pays et sénéchaussée d'Armagnac et dépendances d'icelles et en la même forme et manière que le sont les autres gages des présidiaux de la généralité de Guyenne qui ressort de notre parlement de Toulouse.

Si donnons en mandement à nos amés et féaux conseillers les gens tenant notre cour de parlement de Toulouse, chambre des comptes à Paris, trésoriers généraux de France à Bordeaux et autres nos officiers chacun en droit soi ainsi qu'il appartiendra que ces présentes ils vérifient et fassent enregistrer et le contenu en icelles observer et entretenir de point en point selon leur forme et teneur sans permettre ni souffrir qu'il y soit contrevenu en aucune façon et manière que ce soit — Ainsi fassent jouir et user lesdits officiers tant anciens que nouveaux, plainement et paisiblement de tout le contenu ci-dessus contraignant à ce faire et y obéir tout ce qu'il appartiendra par toutes voies dues et raisonnables nonobstant oppositions ou appellations quelconques pour lesquelles et sans préjudice d'icelles ne voulons être différé. — Mandons en outre à nos dits trésoriers de France audit Bordeaux que par ceux qu'il appartiendra et en la forme et manière accoutumée, ils aient à faire lever et imposer par chaque an sur les habitants dudit pays et sénéchaussée d'Armagnac, dépendances d'icelle contribuables à nos tailles la somme de 3500 livres, à laquelle somme se montent les gages desdits officiers, ainsi qu'il est ci-dessus désigné et tout ainsi qu'il se pratique aux autres sièges présidiaux du ressort et de la généralité de Guyenne et rapportant ces présentes par ledit payeur et copie des lettres de provision des nouveaux, pourront pour une fois seulement avec la quittance de chacun desdits officiers, par chaque an sur ce suffisante : nous voulons iceux gages et épices être passés et alloués en la dépense de ses comptes réduit et rabattu de la recette d'iceux par vous gens de nos dits comptes auxquels mandons ainsi le faire sans difficulté. Car tel est notre plaisir, et afin que ce soit chose ferme et stable à toujours, nous avons fait mettre notre scel à ces dites présentes sauf en autres choses notre droit et l'autrui en toutes.

Donné à Bordeaux au mois de décembre l'an de grâce 1621, et de notre règne le 12ᵐᵉ.

Signé, LOYS.

Et sur le repli *signé par le roi.*

Brusflard.

Visa et scellé sur lacs de soye du grand sceau de cire verte. — Et cet édit susdit vérifié et confirmé par le parlement de Toulouse le 19 mai 1628.

(*Extrait du recueil de Descorbiac*)

INSCRIPTIONS TAUROBOLIQUES

Dites inscriptions romaines *que possède la ville de Lectoure.*

(Voir pag. 21 des Notices *supra.*)

La ville de Lectoure ne possède plus aujourd'hui que vingt et une inscriptions romaines : dix-huit aux piliers de la halle où elles furent placées lors de la construction de cet édifice dans les premiers mois de 1591, et les trois restantes dans le mur de façade du bâtiment du cercle où elles viennent d'être transportées récemment.

De ces 21 inscriptions l'une est une épitaphe que nous avons rapportée aux notes de la page 21, *non fui fui,* etc. etc. etc.

Les vingt autres sont toutes des autels votifs *tauroboliques.*

Le *taurobole* ou *criobole* était le sacrifice d'un taureau ou d'un bélier, (des mots grecs, *tauros*, taureau, *crios*, bélier, *bolè*, action de frapper) en l'honneur de Cybèle : aussi lit-on en tête de toutes les inscriptions :

        S. M. D.   (Sacrum matri deum.)

ou bien   S. M. M.   (Sacrum matri maximæ.)

ou bien   M. M.   (Magnae matri).

ou bien encore, M. Deûm.   (matri Deûm.)

Voici ce qu'en dit J. de Maistre dans son ouvrage intitulé : *éclaircissements sur les sacrifices*, chap. 1ᵉʳ in fine.

« Il n'y a rien de plus connu dans l'antiquité que les *tauroboles* et les
» *crioboles* qui tenaient au culte oriental de Mithra. Ces sortes de Sacri-
» fices devaient opérer une purification complète, effacer tous les crimes
» et procurer à l'homme une véritable renaissance spirituelle ; on creu-
» sait une fosse au fond de laquelle était placé l'initié (tauroboliatus.)
» On étendait au dessus de lui une espèce de plancher percé d'une infi-
» nité de petites ouvertures sur lequel on immolait la victime. Le sang
» coulait en forme de pluie sur le pénitent qui le recevait sur toutes les
» parties de son corps ; et l'on croyait que cet étrange baptême opérait
» une régénération spirituelle. »

Le poëte latin Prudence, dans son hymne 10.ᵐᵉ nous a donné une description de cette cérémonie : les termes en sont assez énergiques pour être rapportés.

« Tùm per frequentes mille rimarum vias
» Illapsus imber, tabidum rorem pluit ;
» Defossus intùs quem sacerdos excipit,
» Guttas ad omnes turpe subjectum caput
» Et veste et omni putrefactus corpore
» Quin os supinat, obvias offert genas,
» Supponit aures, labra, nares objicit,
» Oculos et ipsos proluit liquoribus,
» Nec jam palato parcit et linguam rigat,
» Donec cruorem totus atrum combibat.

Après le sacrifice on relevait le plancher, on retirait de la fosse l'initié couvert de sang et on le montrait au peuple qui, le croyant régénéré, se prosternait devant lui.

On croyait que le taurobole mettait celui qui l'avait reçu à couvert de tous les malheurs de la vie, et que cela s'étendait sur tous ceux pour lesquels on offrait ce sacrifice, princes, familles, cités, etc. etc.

La copie que nous donnons des inscriptions de Lectoure est d'une scrupuleuse exactitude : c'est un calque fidèle relevé sur les marbres eux-mêmes par Monsieur Danjoy fils avocat, qui a eu l'extrême complaisance de nous la communiquer.

Les quatre suivantes sont du temps de Marc-Aurèle, sous le second Consulat de Pollion et d'Aper, l'an 177 de notre ère.

1.

M. Deüm
Jul. Valentina
Et hycia. Silnæ t
auropolium fe
cerunt XV K nov.
Apol. et Apro cos.
Sacerdote Zmin
thio Proculiani.

2.

Sacrum M. M.
Antonia prima
Tauropo
lium fec.
Host. suis
Sacerdotib. Zm
inthio Proculiani et
Pacio Agrippæ.
.... O. II. XV. Kal. novemb.
Pollione et Apro.

3.

Sacrum
M. M.
Ael. nice
Tauropo
lium fe
cit hos
tis suis
Sacerdot. Zmintio Proclan.

4.

Sacrum M. M.
Marciana
Marciani f.
Tauropolium
Fecit hostis
Suis sacerdo
te Zmintio Pro
culiani Lib.

La date des six qui suivent ne peut être assignée.

1.

Sacr. M. M.
Aprilis Repenti
ni fil. et Satur
nina Taurini
Fil. tauropoli
un acceperunt
Sacerdote
L. Accio. Rem
i. Hostiis
  Suis.

2.

Viator
Sabini fil.
Vires tauri
quo propriè
per tauropo
lium pub. fact.
Fecerat
Consacravit.

3.

Severus
Julli fil.
Vires tauri
quo propri
per tauropo
lium pub. fact
tum fecerat
Consacravit.

4.

M. M.
Valentina
Valentis f.
Tauropol. f.
Hostis suis
Et Valeria Fl.

5.

Sacrum
M. M.
Severa qur
T. f. tauripol.
Fecit host.
  Suis.

6.

Pro salute
Et incolumi
tate domûs
Divinae R. P.
Lactorat. tau
ropol. fecit.

Les dix autres sont du temps de Gordien 3me, du même jour et de la même année, c'est-à-dire, du VI des ides de décembre sous le consulat de Gordien le jeune et de Pompéien, correspondant à l'an 242, époque de la guerre contre les Perses. (V. mes notes de la pag. 24 suprà aux notices).

1.

S. M. D.
Val. Gemina
vires. esce
pit. Eutiche
tis. VIIII Kal.
April. sacer
dote Traja
nio nundi
nio D. N. Gordi
ano et Aviolâ cos.

2.

Pro salute imp. M.
Anton. Gordian.
Pii fel. aug. et Sa
binae tranqui
linae aug. toti
usq. domûs divi
nae proq. statu
Civitat. Lactor.
Tauropolium fe
cit ordo Lact.
D. N. Gordiano
Aug. II et Pompeiano cos.
VI idus dec. curantib.
M. Erotio Festo et M.
Carinio Caro, sacerd.
Trajanio nundinio.

3.

Val Gemin
a tauropoli
m accepit
Hostis. sus. sa
cerdote Tra
janio. nund
io. D. N. Gord
iano II et Po
mpeiano cos.

4.

S. M. D.
Jul. nice tau
ropolium ac
cepit hostis
suis sacerd.
Trajanio
Nundinio D. N.
Gordiano II et
Pompeiano
Cos VI id. dec.

5.

S. M. D.
G. iul. secun
dus tauropo
lium accepit
hostis suis
Sacerd. Tra
janio nun
dinio D. N.
Gordiano II
Et Pomiano
Cos. VI id. dec.

6.

S. M. D.
Servilia mo
desta taur
opolium ac
cepit hostis s
uis sacerdote
Trajanio nund
inio D. N. Gordi
ano II et Pompe
iano cos. VI id dec.

7.

S. M. D.
Junia Domi
tia tauro
polium acce
pit hostis su
is sacerdote
Trajanio nu
ndinio D. N. Gor
diano II et Po
mpeiano cos. VI id. dec.

8.

Jul. Clementia
na tauropoli
un accepit
hostis suis
Sacerd. Traia
nio nundinio
D. N. Gordi
ano II et Pom
peiano cos.
VI id. dec.

9.

S. M. D.
Verin. Seve
ra tauropo
lium accep
it hostis su
is sacerdot
e Trajanio n
undinio D. N.
Gordiano II
Et Pompeiano
Cos. VI id. dec.

10.

Pomp. Flora
Tauropoliu
m. accepit h
ostis suis sa
serdote Tra
janio nund
inio D. N. Gor
diano II et Po
mpeiano cos.
VI id. dec.

Enfin l'épitaphe
D. M.
Non. fui. fui. me
mini. non. sum
Non. Curo do
nnia. Italia. an
norum. XX hic
Quiesco. Dm
tius et Donnia
Cal. liste. L. piissimae.

En 1793 on fit disparaître divers emblêmes qui ornaient les côtés de ces autels : c'était des têtes ou cornes de taureau, des têtes de bélier, des coupes ou tasses appelées *Pateræ*, des vases *Gutti*, de petits boucliers de fantassins *Parmulæ*, etc., etc.

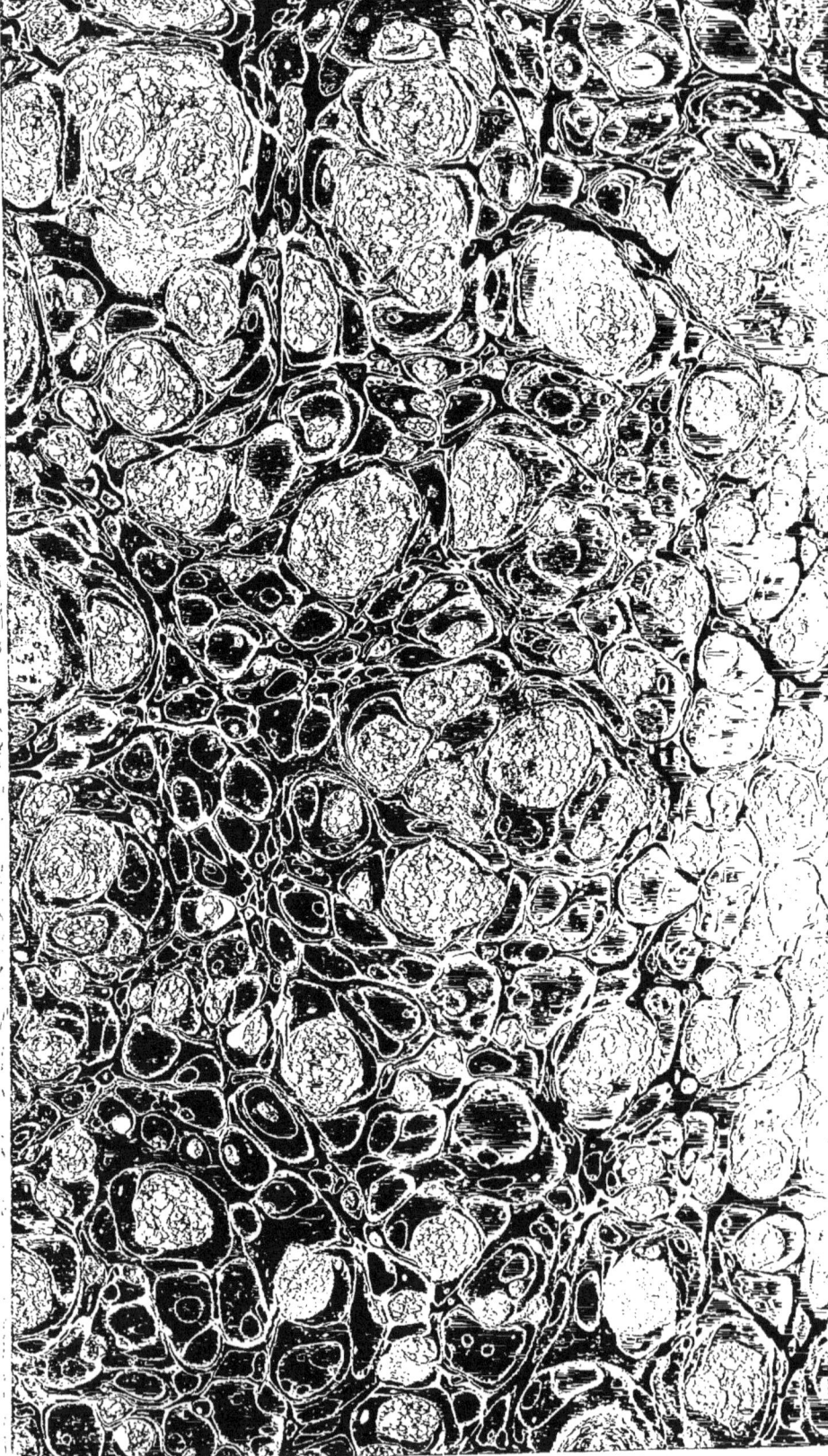

www.ingramcontent.com/pod-product-compliance
Lightning Source LLC
Chambersburg PA
CBHW051920160426
43198CB00012B/1975